Jay Ramsay

ALCHIMIE

ANIMA MERCURII

Jay Ramsay

ALCHIMIE

Die Kunst der Transformation

mvg

Die Deutsche Bibliothek – CIP-Einheitsaufnahme

Ramsay, Jay:
Alchimie : die Kunst der Transformation / Jay Ramsay. [Aus dem Engl. übertr. von Bettina Blank]. - Landsberg am Lech : mvg-verl., 1997
(mvg-Paperbacks ; 573)
Einheitssacht.: Alchemy <dt.>
ISBN 3-478-08573-X

Titel der englischen Originalausgabe: „Alchemy“.
Aus dem Englischen übertragen von Bettina Blank.

Umschlaggestaltung: Gruber & König, Augsburg
Illustration: Helen Elwes
Satz: Fotosatz H. Buck, Kumhausen
Druck- und Bindearbeiten: Ebner, Ulm
Printed in Germany 080 573/897502
ISBN 3-478-08573-X

Bete, lese, lese wieder, dann mache dich ans Werk –
und du wirst finden.

MUTUS LIBER

Für Euch

Studieret mich, Ihr, die Ihr Liebende sein sollt,
In der nächsten Welt, im nächsten Frühling,
Denn ich bin jenes tote Ding,
Dem durch Liebe neue Alchimie gegeben ward.
JOHN DONNE, „A NOCTURNALL UPON ST. LUCIE'S DAY“

INHALT

VORWORT

Jay Ramsey hat einen weisen, brillanten Führer durch die Mysterien der Seele und die Bilder und Texte der Alchimie, die diese Mysterien erforschen, geschrieben – eine Einladung, „ins Innere der Erde zu treten“, in jenes unbekannte Territorium, das in uns wohnt und uns umgibt. Alchimie ist der jahrtausendelang verlorene Schlüssel, der uns das Tor zur Wiedervereinigung mit unserer Seele öffnet, damit wir ihr begegnen, sie verstehen und aus dem Gefängnis ihrer Vernachlässigung befreien können. Alchimie, so sagt er, ist der fehlende Aspekt in unserer religiösen Tradition, nach dem wir jenseits unserer eigenen Kultur suchen, der fehlende Schlüssel zum Begreifen unseres Ursprungs und zur Transformation dieses Ursprungs vom Grundmetall zu Gold. Der Glaube allein hat nie gereicht, um die Leiden der Menschheit zu transformieren oder die endlose Kette menschlicher Barbarei zu beenden. Alchimie als Wissenschaft hingegen zeigt uns den Weg zu dieser Transformation, der Vermählung in unserem Innern, die uns tiefe Einsicht in das Leben gibt und Komplexe offenlegt, die eine kreative Verbindung mit unserer Seele verhindern. Niemand kann über Alchimie schreiben, der sie nicht selbst lebt, und keiner kann sein Wissen weitergeben, der den schwierigen Weg der Selbstentdeckung nicht leibhaftig gegangen ist. Ein Führer ist *kein* Angekommener, sondern einer, der uns auf unserer Suche nach dem Schatz begleitet und etwas von der „dunkelsten Dunkelheit“ und der Bedeutung des „Wundersteins“ erfahren hat.

Anne Baring

DANKSAGUNGEN

Dieses Buch ist in jeder Beziehung das Werk einer Gruppe, auch wenn eine Hand es schrieb. Doch ohne das viele, das mir in den sieben Jahren des Erfahrens und Studierens, die seine Basis und *prima materia* bilden, gegeben wurde, wäre diese Hand ohnmächtig gewesen. Deshalb gilt mein tiefer Dank all jenen, die mir auf so unterschiedliche Weise geholfen haben:

Alison Roberts (Autor, *Hathor Rising*), der als erster Alchimie in mir erkannte; Carole Bruce, die wichtigste Nährerin der Saat; Barbara Somers, für ihre Freigiebigkeit und ihre Notizen; Bronwen Astor, der mir unschätzbaren Platz zum „Durchfallen“ gewährte; Glenn Storhaug (von Five Seasons Press), der mir als erster Burckhardt zeigte; Alexsis und Jag Robertson, die mir beim Verhandeln mit Saturn halfen; Jehanne Mehta, die mir eine neue Art der Liebe zeigte; Marion Fawlk, für ihre Reinheit und Bestätigung; Ferenc Aszmann, für seine radikale Integrität und seinen Esprit; Rae Beth, die mich mit meinem Schatten konfrontierte; Kristin Charlesworth, die mir in die *rubedo* zurückhalf; Keith Casbon, dafür daß er von einem anderen Planeten als dem meinen kommt; Susan Mears (meine Agentin und Freundin), für ihr unübertreffliches Timing; Liz Puttick (meine Verlegerin und Freundin), für ihr Lob und ihren Glauben an mich; Caroline Waterlow, die mir die *prima materia* zeigte; Ted Partridge, für seine wunderbare, goldene Lampe und weil er „Ted ist“; Stanley Messenger, für seine pünktliche Destillation; Judy de la Hoyde, die warme Erde und Kuchen brachte; Catherine Leonard und Marion Shiel, für ihre irische Frische; Frances Emmelaus, für ihre Königlichkeit und weil sie mir *Mercurius* lieh; Bob Moore (in Dänemark), für seine Begabung als Lehrer; Christopher

Johnson, für seine Heilkräfte; Niels Bandholm, der mir den *Fabricius* lieh; Maggie Peters, die zu jedem Zeitpunkt des Traums für mich da war; Richard Wainwright, dafür daß er sich in Queens mit mir traf; Mary Kingsley, die mir immer wieder das Abenteuer vor Augen führte; Lindsay Clarke, der roten Löwin; Anne Baring und Robert Bly, für ihre eloquente Unterstützung; Elizabeth Hudkins und ihrem dämonischen Redigierauge; Helen Elwes für ihre Sorgfalt und Exzellenz zum richtigen Zeitpunkt …

Ferner danke ich allen meinen Klienten/Begleitern und Workshop-Teilnehmern in der Chrysalis-Gemeinde, die mich teilhaben ließen an ihren Prozessen und mir so unermüdlich die Relevanz und Realität der Alchimie demonstrierten; besonders Immaculate Manzi, Catherine Abbot, Emma Shackle und Sheila Ranger.

Und allen voran Lucy Lidell, für ihre Heilung im Himmel und auf der Erde und ihren Beitrag, damit diese eine wirkliche Form bekam; und Zanna Beswick, dafür daß sie mir das Ende zeigte und für ihr goldenes Geschenk in Gott.

Mögen wir alle aufbrechen, ankommen und bleiben – an unserem Herzens-Platz –, denn wir wissen, wir gehören dorthin.

J.R.

KAPITEL 1

DER ANFANG:

EINFÜHRUNG

Das Geheimnis der Alchimie besteht gewissermaßen darin,
sich eine Welt vorzustellen,
in der es gelingt,
Grundmetall in Gold zu verwandeln.
PATRICK HARPUR

☿

EINFÜHRUNG

Soror mystica – sie hebt ihren Zeigefinger an ihre Lippen.

Es mag merkwürdig erscheinen, zu beginnen, indem man nichts sagt, doch dieses ganze Buch funktioniert über das Gefühl und die Imagination, und um zu fühlen brauchen wir Stille. Hier also eine kurze Meditationsübung, die der Schlüssel zur Tür unseres Themas ist:

Sitzen Sie bequem, und achten Sie bewußt auf Ihre Atmung. Während Sie atmen, verlangsamen und vertiefen Sie Ihre Atmung; spüren Sie, wie die Luft tief in Ihren Körper hineinströmt.

Dann sagen Sie innerlich das Wort ALCHIMIE und lassen es widerhallen. Wiederholen Sie dieses Wort immer wieder.

Was löst es in Ihnen aus?

Wie fühlen Sie es in Ihrem Innern, und wo fühlen Sie es?

Und wenn Sie bei dem Wort bleiben, wohin führt es Sie in Ihrem Körper?

Wie fühlt es sich dort an? Spüren oder sehen Sie etwas?

Versuchen Sie, von dort eine Vision oder ein Bild zu empfangen, und vertrauen Sie dem, was kommt – egal, was es ist.

Warten Sie einen Moment, um das Bild in Ihrem Bewußtsein zu verankern ..., dann kommen Sie zurück. Notieren Sie Ihr Bild und alle Wahrnehmungen, die Sie während der Übung hatten.

Was Sie erlebt haben, ist der Schlüssel: Ihr zentrales Gefühl und die Verbindung.

Wir werden in Zukunft noch andere Übungen machen. Während Sie dieses Buch lesen, sollten Sie Tagebuch führen, nicht nur um Ihre Erlebnisse bei den Übungen festzuhalten, sondern auch um diese Studie zu Ihrer eigenen zu machen, die Sie mit eigenen Worten skizzieren.

☿

Warum also ist Alchimie wichtig? Warum besitzt das Wort solche Macht und Tiefe? Und welchen Nutzen hat sie heute für uns? Unter Alchimie versteht man die Umwandlung (Transmutation) von einem Grundmetall – Blei – in Gold. Diese erfolgt in mehreren Stadien, die zusammen das „Werk“ (Opus) oder „Große Werk“ ergeben. Dabei handelt es sich sowohl um einen tatsächlichen, physikalischen als auch um einen metaphorischen, innerlichen Prozeß. Er bezieht sich auf die physikalische Materie ebenso wie auf unser Gefühl und unsere Imagination. Er betrifft unser Inneres und Erfahrungen, die wir vielleicht nicht sofort verstehen, findet aber immer auch in der Außenwelt statt.

Alchimie ist in unserer Kultur allgegenwärtig. Rockgruppen wie die Dire Straits haben ihre Alben nach ihr benannt. Der Autor und Mystiker Andrew Harvey hat sich in seinen *Dialogues with a Modern Mystic* mit dem amerikanischen Journalisten Mark Matousek mehrfach auf sie bezogen; und Paulo Coelhos *The Alchemist,* eine Fabel über die Verfolgung von Träumen, ist seit ihrem Erscheinen 1993 ein Besteller. Lindsay Clarkes preisgekrönter Roman *The Chy-*

mical Wedding (1989) hatte sie zum Zentralthema, ebenso wie das etwa gleichzeitig verfaßte alchimistische Tagebuch-mit-Roman *Mercurius* von Patrick Harpur. Und der gefeierte Filmemacher und Maler Derek Jarman schrieb im Juni 1993 über sie – *Chroma* ist eine Abhandlung zum Phänomen Farbe und eines seiner letzten Bücher. Es scheint, als gäbe es hier etwas sehr Reiches und Tiefes wiederzuentdecken.

In der westlichen Tradition ist die Alchimie einzigartig, weil sie Geist und Materie verbindet, statt sie zu trennen. Von daher folgt sie einem ausgeprägt anti-dualistischen Prinzip, anders als die christlich-orthodoxe Kirche und auch anders als alternative Sekten wie die Gnostiker oder selbst die Katharer, die alle Materie für sündig oder gar teuflisch hielten, dem Reich des Hirtengotts Pan entsprungen, der unser Sinnbild für den Teufel wurde. Solche Vorstellungen sind der Alchimie fremd, weshalb sie im Vergleich mit etabliertem Denken und gängiger Moral stets radikal und ketzerisch erschien.

Alchimie ist ferner einzigartig, indem sie den einzelnen und seine Individualität betont. Alchimisten sind der Tradition nach einsam Schaffende, die Frucht ihres Wirkens ist die Erkenntnis. Ein krasser Unterschied zu jener Sichtweise, aus der Dogmen oder kollektive Ideologien entstehen. Oberflächliche Generalisierungen lehnt die Alchimie ab, was jedoch nicht verhinderte, daß viele Alchimisten sehr religiös und spirituell waren. Was ihre Struktur und den Prozeß angeht, so würdigt die Alchimie unsere Individualität in jeder erdenklichen Weise.

Alchimie ist äußerst kreativ, denn sie läßt uns Kreativität nicht nur besser verstehen und stärker schätzen, sondern weckt und stimuliert auch unser eigenes schöpferisches Potential. Alchimisten, die ihre Aufzeichnungen, auch im historischen Rückblick, verglichen, entdeckten darin die kreative Schilderung eines kontinuierlichen Schaffensprozesses: damals wie heute unerschöpflich und der Kern unserer inneren Evolution als visionäre und lebendige Menschen. Intuition und Imagination werden durch Alchimie stärker angesprochen als der Intellekt, denn sie ist kein rationaler Prozeß: Ihre Logik folgt anderen Gesetzen. *Rechte* statt linke Gehirnhälfte – wie wir heute sagen würden. Tatsächlich waren die Alchimisten Pioniere des Unterbewußten – heute ein längst selbstverständlicher Begriff –, lange bevor die Psychotherapie erfunden und Therapien angeboten wurden. Alchimie richtet sich an unsere Traumwelten, an das Unterbewußte, wo wir mit den Augen der Seele sehen – daher nenne ich sie den „Pfad der Seele". Sie erleuchtet das Innere unseres „Seelen-Wesens" – damit wir lernen, tiefer zu sehen.

Kat Duff beschreibt ihre eigene Erfahrung in *The Alchemy of Illness:*

> *Eines Tages – ich stand in der Küche und rührte Vitamin C in ein Glas Wasser – fiel mein Blick auf die riesige Pillenauswahl im Regal, und ich begriff mit einem Mal, daß sowohl meine Krankheit als auch ihre Heilung Chemie waren. Eine sehr reale, physikalische Chemie wie in dem Magnesium und Kalium, das ich zur besseren Assimilation des Vitamin C einnahm, doch da war noch etwas anderes, denn manchmal funktionierten die Mittel und manchmal nicht, ohne daß es einen erklärbaren Grund dafür gab. So fühlte ich mich, oft direkt nachdem ich mein Vitamin geschluckt hatte, auf der Stelle besser, obwohl es doch noch gar nicht wirken konnte. Die Mediziner sprechen vom „Placebo-Effekt"; ich nenne es Magie, die immer dann präsent ist, wenn etwas – eine Pille oder ein Wort – Macht und tiefe Bedeutung besitzt und deshalb eine hohe Wirkung entfaltet. Das ist Alchimie.*[1*]

* Die Fußnoten zu diesem Buch finden Sie kapitelweise numeriert am Schluß als Anmerkungen.

Alchimie ist kraftvoll und vital, denn sie rührt an den Quell des Lebens. Sie ist in unserer heutigen Zeit auch deshalb so relevant, weil sie die Sexualität als Dynamik zwischen den männlichen und weiblichen Aspekten des Prozesses anerkennt. Hiervon wird im Hauptteil dieses Buches noch eingehend die Rede sein. Das alchimistische Verständnis von Sexualität ist radikal. Sex ist nicht nur Sex: Sex ist Tiefe, Tod, Läuterung und Erlösung. In ihm verweist uns die Alchimie auf unser wahres Wesen als Männer und Frauen – Könige und Königinnen –, und obwohl sie unser Potential würdigt, deutet sie mit ihrer Betonung der Androgynie, offenkundig in der Figur der bisexuellen Hermaphrodite, auf noch unerforschte Sphären des Geschlechterphänomens. Und sie suggeriert, daß jeder von uns ein *ureigenes* Geschlecht als Ausdruck seiner maskulinen und femininen Aspekte besitzt, so daß sie uns auch hier, in einer Zeit der sexuellen Verwundung und Konfusion, Heilung verspricht.

Wie Smith, bei Tag Vikar, bei Nacht Alchimist, in *Mercurius* sagt:

> *All das ging mir durch den Kopf, als ich durch den mondbeschienenen Wald schritt, und mich befiel Furcht. Nie wurde unsere Philosophie dringender benötigt. Nie war der Geist ein rareres Gut. Er muß dort aufgespürt werden, wo man ihn am wenigsten vermutet – in der Materie. Nur unsere Philosophie vermag ihn aus seinem unterirdischen, dunklen Königreich zu erlösen; nur unsere Kunst blickt nicht länger vergebens auf das weite Oben, sondern beginnt … mit dem Unten.*[2]

Mehr als um alles andere dreht sich Alchimie um Ganzheit. Um die Ganzheit dessen, was wir sind, und darum, ganz – statt halb und unterdrückt – zu leben. Laut Definition bedeutet Ganzheit Anerkennung und Integration im Unterschied zu Ausschluß und Leugnung. Oder wie die Fotografin und Therapeutin Carol Bruce zu mir meinte: „Jede Leugnung ist eine Leugnung Gottes." Nach alchimistischer Lehre ist nämlich alles Teil von Gott, sonst würde es nicht existieren. Und da es existiert, ist es Teil des Werkes.

Ganzheit bedeutet auch, nicht gelebte Aspekte unseres Selbst zu betrachten: was im Schatten der Person liegt, die wir zu sein glauben oder bisher waren. Hier liegt die Potenz der Alchimie, denn sobald wir diese Aspekte anerkennen, können wir nicht mehr vor ihnen davonlaufen. Der Schatten wird zum Ort der Konfrontation, zum Ausgangspunkt für das Werk und seinen Prozeß.

In der Ganzheit, die die Alchimie fordert, geht es auch um Expansion und Wachstum – Expansion im Denken und Fühlen, mehr wir selbst werden, uns stärker als Teil der Schöpfung begreifen. Wir sind eingeladen, die Höhen und Tiefen unseres Lebens zu meistern und dabei zu verstehen, warum wir so lange leben, wie wir leben – egal, wie lange das im Einzelfall sein mag. Oder wie ein Workshop-Teilnehmer während eines Einführungstages am College of Psychic Studies in London bemerkte: „Wissen Sie, ich glaube, so ist es mir mein ganzes Leben lang ergangen."

Alchimie braucht Zeit, so wie Liebe Zeit braucht und Gold Zeit braucht. Sie ist kein Schnellrezept, sondern sie verlangt, wie jeder Alchimist weiß, Gelassenheit, Geduld und noch mehr Geduld, sobald wir erkennen, daß es nicht allein in unseren Händen liegt, Zeitabläufe zu beeinflussen.

Die alchimistische Aufgabe, den Himmel auf Erden zu erschaffen, lenkt unsere Aufmerksamkeit nach innen *und* nach außen, da wir nicht nur unsere eigene Welt bewußter erleben, sondern auch klarer sehen, wo wir als Teil des großen kosmischen Bildes stehen. Alchimie – und Smiths „unsere Philosophie" – bedeutet daher nicht nur Wissen, sondern auch Weisheit: durch Erfahrung erworbenes und *erlittenes* Wissen. Diesen Anspruch symbolisiert das Hexagramm. Das nach oben zeigende Dreieck versinnbildlicht Seele und Substanz, das nach unten zeigende Geist und Essenz. Beide verschmelzen in dem sechszackigen Stern:

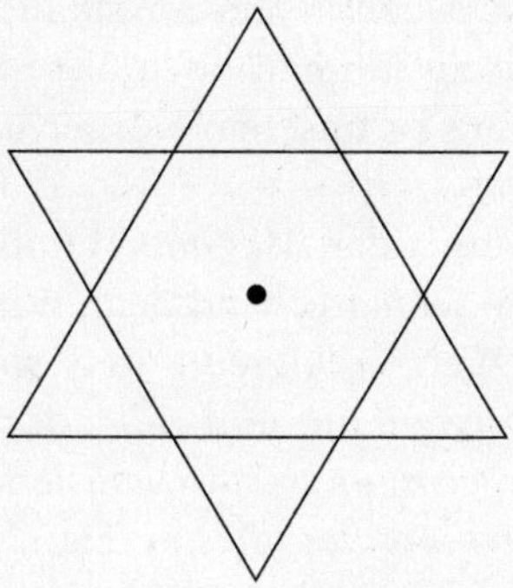

Nachdem wir einen Blick auf das Ende geworfen haben, beschäftigen wir uns nun mit dem Anfang, mit dem, was Alchimie ist. Denn wir müssen wissen, *fühlen,* was Alchimie ist, bevor wir mit ihr arbeiten können. Kehren Sie nun einen Moment lang zu der Meditationsübung (*siehe S. 3 f.*) vom Anfang zurück. Sehen Sie die Verbindung?

☿

Stanislaus Klossowski de Rola beschrieb Alchimie[3] als „eine verborgene Realität höchster Ordnung" – eine meiner Meinung nach sehr brauchbare und präzise Formulierung. Beachten Sie die parallel verwendeten Worte „verborgene" und „höchster", die Tiefe und Höhe gleichzeitig suggerieren, was in jeder Hinsicht angemessen ist. Als eine *Philosophie* – und auch als eine Kosmologie, die sich mit Sonne, Mond und Sternen befaßt – bildet Alchimie eine Brücke zwischen Erde und Himmel, Materie und Geist, fest und flüssig, sichtbar und unsichtbar, horizontal und vertikal.

Als *Prozeß* meint Alchimie, wie ich bereits erwähnte, die Transmutation eines Basismetalls in Gold, *während der sich das Bewußtsein des Alchimisten radikal verändert.* Der *Artifex,* wie er früher hieß, sind in diesem Fall Sie und ich.

Demzufolge ist Alchimie ein physikalischer Prozeß, der mit Selbstkenntnis zu tun hat, doch diese Kenntnis setzt eine eigene Beziehung zu unserem Körper und der Erde voraus.

Das Große Werk oder *Magnum Opus* gliedert sich in zwei Hauptphasen, entsprechend dem, was die Alchimisten „das Geringere Werk" (*nigredo* und *solutio*) und „das Größere Werk" (*coagulatio* und *rubedo*) nennen. Diese involvieren die *Vergeistigung (Spiritualisierung) des Körpers* und die *Verstofflichung des Geistes.* Sie können der Vergeistigung des Körpers physikalisch Ausdruck verleihen, indem Sie eine Geste nach oben machen, beispielsweise Ihre Handflächen über den Kopf heben, und dann eine Geste nach unten und innen ausführen, mit der Sie die Energie im Stehen nach unten ziehen, hinein in Ihren Körper.

Stehen Sie einen Moment lang einfach da, und konzentrieren Sie sich auf die Gesten, die Sie ausführen. Entwickeln Sie ein Bewußtsein für die Handbewegungen und die Beziehung zwischen ihnen, dem Oben und Unten.

Wie oben, so unten.
Wie innen, so außen.

Diese beiden Hauptphasen hängen wiederum, so die einhellige Meinung der Alchimisten, mit zwei Aspekten zusammen.

Der erste involviert die Beherrschung der *prima materia* oder „Urmaterie". Damit sind das Rohmaterial und Chaos gemeint, die unser Inneres und unser Leben prägen.

Der zweite bezieht sich, als Ergebnis des absolvierten Prozesses, auf die, wie es heißt, „innere Schöpfung eines Körpers voll Licht", also auf höheres Bewußtsein, Gold und – bezogen auf den Körper – Wiederauferstehung, wörtlich auf neues Leben.

Derek Jarman listet die verschiedenen Stadien auf:

Schwarz:
Das Urmaterial, die prima materia, *ein Chaos, wie die dunklen Gewässer der Tiefe.* Melanosis *und* Nigredo.

Weiß:
Die kalzinierte Reinigung Albedo.

Gelb:
Ein weiteres Stadium, Xanthosis.

Purpur:
Iosis, *die Farbe der Könige.*
In Verfolgung des Ziels durchquertest du dies Rote Meer.[4]

Alchimie ist die Reise des Sterbens, gefolgt von der Geburt oder Wiedergeburt. Modern übersetzt bedeutet das die Reise vom Ego-Status oder „mein-Status" zum Selbst – zum wahren „Ich", zur echten Identität. Das Rote Meer, von dem Jarman spricht, spielt auf die Natur unterwegs an: ein fremdes, wundersames Land, von Feuer umzingelt, von Wasser umspült – wie unsere Bäuche –, in dem wir nur beim Mondenschein unsere Fußsohlen auf dem Grund sehen können …

Eine wichtige Orientierung am Anfang unserer alchimistischen Reise bietet auch das Wort selbst. Seine arabische Wurzel *al kimia* wurde in Anlehnung an das ägyptische *chem* für „schwarz" sowie das griechische *chym,* mit dem das Schmelzen oder Gießen von Metallen gemeint ist, unterschiedlich entweder mit „Schwarze Bodenkunst“ oder mit „Ägyptische Kunst“ übersetzt. Es wurde auch mit dem hebräischen Wort *chamaman* für „Rätsel, Mysterium“ in Verbindung gebracht, das etwas Okkultes, Geheimes, schwer Entschlüsselbares bezeichnet. Das Wesen und die Geschichte der Alchimie kommen in jedem Fall gut zum Ausdruck.

☿

Werfen wir nun einen Blick auf den Basistext, die Offenbarung, die der Alchimie zugrunde liegt. *Die Smaragdtafel (Tabula smaragdina)* geht der Legende nach auf Hermes Trismegistos zurück. Sarah, Abrahams Ehefrau in der Bibel, nahm die Tafel dem Toten aus den Händen, und Alexander der Große entdeckte sie später in der Höhle, in der sich sein Grab befand. Hermes Trismegistos („dreimal mächtig“ oder „geboren“), der zugleich Archetyp eines Priesters und Vaterfigur war, kann damit als Vorfahr aller Alchimisten gelten, so wie wir alle dem Glauben nach von Adam abstammen. Als Smaragd (die Farbe des Herzens) bezeichnete man zu Zeiten der Griechen und Ägypter jeden grünen Stein. Wer den mehrfach übersetzten Text ursprünglich verfaßte, weiß bis heute niemand. Die älteste Fassung ist arabisch, andere Versionen (wie unsere hier) sind lateinischen Ursprungs. Faszinierend und von großer Schönheit, ähnelt der Text einem Prosagedicht. Ich schlage vor, daß Sie ihn einige Male still für sich lesen, bevor wir uns mit seiner Bedeutung auseinandersetzen.

Die Smaragdtafel

1. *In Wahrheit, gewiß und ohne jeden Zweifel, ist jedes Unten wie das Oben und das Oben wie das Unten, um die Wunder EINES Dings zu vollbringen.*
2. *Wie alle Dinge durch Meditation über das EINE aus*

dem EINEN hervorgehen, so werden sie auch durch Adaptation aus dem EINEN Ding geboren.

3. *Sein Vater ist die Sonne, seine Mutter der Mond. Der Wind hat es in sich getragen. Seine Nährerin ist die Erde.*
4. *Vater allen wundersamen Wirkens überall auf der Welt.*
5. *Wird es in Erde umgewandelt, ist seine Macht perfekt.*
6. *Trenne die Erde vom Feuer, das Feine vom Groben – sanft, mit großer Behutsamkeit.*
7. *Es steigt von der Erde zum Himmel hoch und sinkt vom Himmel wieder zur Erde herab, die Realität des Oben und Unten geben ihm Macht. So sei dir die Glorie der ganzen Welt gegeben, und alle Dunkelheit wird von dir abfallen.*
8. *Das ist die Macht aller Mächte, die alles Flüssige erobert und alles Feste durchdringt.*
9. *Die kleine wird nach dem Prototyp der großen Welt erschaffen.*
10. *Daher und in dieser Weise geschehen Wunder.*
11. *Aus diesem Grund nennt man mich Hermes Trismegistos, denn ich besitze die drei Elemente der Weisheit der ganzen Welt.*
12. *Perfekt ist, was ich über das Werk der Sonne zu sagen habe.*

„Wie oben, so unten“: Diese Formel deutet auf die bereits von mir hergestellte Verbindung zwischen Himmel und Erde oder, wie es in Vers 9 heißt, der „großen“ und der „kleinen“ Welt hin. „Wunder EINES Dings“ (Vers 1) meint hier das Werk oder den Prozeß, das bzw. der aufgrund dieser Verbindung stattfindet. Was „Vater“ und „Mutter“ (Vers 3) angeht, so kommen wir später mit Sol und Luna näher auf die Bedeutung von Sonne und Mond zu sprechen, doch auch sie sind kosmisch ebenso wie, so glauben die Alchimisten, astrologisch zu verstehen. „Wind“ (Vers 3) steht für Atem und Inspiration – das Wort bedeutet „einatmen“ –, und die „Nährerin“ ist der Körper: auch unsere individuellen Körper. „Vater“ ist die Sonne, denn die Sonne rückt die Sonne an zentrale Stelle und bezieht sich überdies auf das Gold als Stadium außerordentlicher Klarheit, die wie die Sonne die Form eines Kreises bildet.

In Vers 5 folgt der Satz, der sich auf das Größere Werk oder die Verstofflichung des Geistes bezieht: „… ist seine Macht perfekt“ heißt wörtlich, *es wirkt,* sofern „es in Erde umgewandelt wird“. So das Versprechen.

Die Verse 6 und 7 spielen auf innere Transformationsprozesse wie auch auf die Vorgänge im heißen Kolben des Alchimisten an und leiten über zum Kernsatz der Thematik: *„solve et coagula“,* wörtlich „auflösen und neu formen“ oder „sterben und neu geboren werden“. Nur so wird „alle Dunkelheit“ – sprich: Roheit, Ignoranz und Dummheit, aber auch Illusion – „von dir abfallen“.

Danach ist von der „Macht der Mächte“ die Rede, mit anderen Worten von der stärksten Kraft, die es gibt: der Wahrheit. Sie ist der stärkste Ort, an dem wir uns aufhalten können – egal, wie verletzbar sie uns macht. Und so kommen wir zu Vers 9: die Wahrheit als Herz der Schöpfung, sofern wir sie erkennen. Erkennen wir sie, geschehen Wunder, und wir leben in ihrem Licht – dem Licht, das die Sonne, das Gold, der berühmte Stein der Weisen sein kann. All das sind Synonyme für Wahrheit.

In Vers 11 begegnen wir einer anderen Bedeutung von „Trismegistus“ als initiiertem Daseinszustand, in dem die „drei Elemente der Weisheit“ – Geist, Psyche (oder Seele) und Körper – verschmolzen werden, in einer Ganzheit, die die „ganze Welt“ ist. Diese Ganzheit kann auch als geheilter und heilender Zustand verstanden werden.

Und das Werk der Sonne? Ist perfekt (Vers 12). Sie wirkt, so klingt an, indem sich ihr Kreis schließt.

Sitzen Sie still, und stellen Sie sich einen Moment lang vor, die Sonne befände sich direkt vor Ihrer Stirn. Spüren Sie, wie ihre Strahlen in Sie eindringen ..., machen Sie sich ihre Gefühle ganz bewußt.

Sie können die Übung auch im echten Sonnenlicht ausführen.

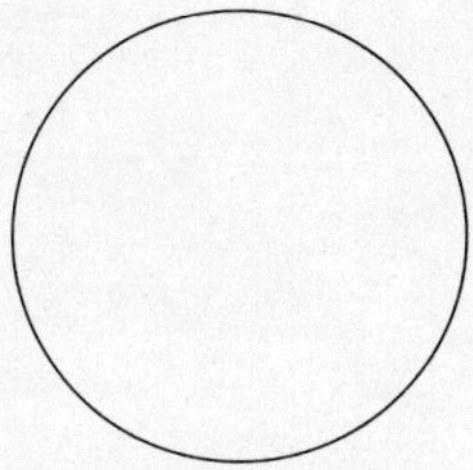

Die Smaragdtafel können wir immer und immer wieder lesen, je mehr wir die Wahrheit erahnen. Kein einfacher Text gewiß, aber eine Vorbereitung auf die Schwierigkeiten der alchimistischen Sprache und ein Schlüssel für die Auslegung anderer Schriften, die um ein vielfaches undurchdringlicher sind.

Um tiefer in die Thematik einzutauchen, müssen wir uns mit der Geschichte der Alchimie beschäftigen. Sie lernen damit gleichzeitig einige ihrer wichtigsten theoretischen Prinzipien kennen, bevor wir uns der Praxis widmen.

Im folgenden also ein Abriß zur Geschichte der Alchimie.

KAPITEL 2

DIE GESCHICHTE DER ALCHIMIE

Sollen alle Menschen lehren?
Welche Sorte Leute mag diese Wissenschaft ansprechen,
und welches ist die wahre Wissenschaft der Alchimie,
die unsere Väter heilig und gesegnet nannten?
THOMAS NORTON, *ORDINALL OF ALKIMIE*

Wenn es nützlich ist, die Natur in menschlichen Begriffen zu
verstehen, so hat die Alchimie einen Wert in der Gegenwart;
wenn nicht, kann sie uns nur als Geschichte interessieren.
F. SHERWOOD-TAYLOR

Sie bitten mich, in vier Minuten vier Jahrtausende Philosophie
und die Bemühungen eines ganzen Lebens zusammenzufassen.
Und Sie bitten mich, in ordinäre Sprachbilder zu übersetzen,
wofür nie eine Sprache gedacht war …
FULCANELLI, LAUT ZITAT VON JACQUES BERGIER

☿

DIE GESCHICHTE DER ALCHIMIE

Oben: Text,
unten: der Fluß

Die Wurzeln der Alchimie sind tief und komplex. Sie reichen tief in die Erde hinein und weit in die Vergangenheit zurück, Meere und Kontinente umspannend. Die Geschichte der Alchimie liegt in der Erde, aus der sie hervorging und in der noch heute ihr Zuhause ist. Wie ein Lebensbaum, dessen Wurzeln tief im Erdreich nach Nahrung suchen.

Alchimie wurde seit altersher als „Göttliche Kunst“ oder „Geheiligte Kunst“ bezeichnet, und bis ins fünfte Jahrhundert n. Chr. war sie unter dieser Bezeichnung bekannt. Während es uns hier um die westliche Tradition geht, reicht die Alchimie ins China vor dem Jahre 2500 v. Chr. zurück, wenig später eroberte sie Indien und Fernost, einschließlich Japan und Südostasien. In China und Indien galt sie speziell der Lebensverlängerung. Diese Bedeutung klingt sowohl in dem chinesischen Wort *Chin-jo* („Goldsaft“ oder „Elixier“) als auch in den indischen Tantras an, einer Gattung der *Wedas,* der ältesten geheiligten Schriften ihrer Tradition. Doch wir müssen tiefer graben, um die gemeinsame Quelle zu finden. Diese liegt in einer Auffassung von der Welt als magischer und lebendiger Einheit, einem Gaia aus eigener Kraft, einem verschütteten Juwel, von Erzschichten und -adern umhüllt, aus denen Mineralien und Metalle wachsen. Von dieser Auffassung haben wir uns heute sehr weit entfernt, und es gilt, uns auf diese Referenz zurückzubesinnen – die primitive Referenz, die die „geheiligte Aufgabe“ der frühen Schmiede[1] durchtränkt.

Eben diese Haltung taucht in allen alchimistischen Schriften auf. So schrieb beispielsweise Valentinus, auch er eine legendäre Figur und möglicherweise ein Benediktinermönch, im fünfzehnten Jahrhundert:

> *Alle Kräuter, Bäume und Wurzeln, alle Metalle und Mineralien empfangen Wachstum und Nahrung vom Geist der Erde, der der Geist des Lebens ist. Dieser Geist wiederum wird von den Sternen gespeist, so daß er allen Dingen, die wachsen, Nahrung spenden und sie versorgen kann – wie eine Mutter ihr Ungeborenes versorgt, während sie es noch im Schoß trägt. Die Mineralien liegen im Schoß der Erde verborgen. Sie werden von ihr mit dem Geist, den sie von oben empfängt, genährt.*[2]

Wieder sehen wir die Verbindung zwischen Erde und Sternen, die zum einen physikalisch sehr real, gleichzeitig aber subtil und unsichtbar, „verborgen“ ist. Dieses Verständnis von Materie und Energie läßt uns ahnen, was die Alchimisten mit „Erde“ meinen.

ANTIKE

Die ersten alchimistischen Aufzeichnungen kamen aus Ägypten, und die frühesten Alchimisten waren, obwohl sie griechisch schrieben, Ägypter und Juden. Allen voran die „Mutter der Alchimie“, Maria Prophetissa, in der Legende Moses' Schwester und auch unter dem Namen „Maria die Jüdin“ bekannt. Von ihr stammt der Ausspruch, der die Stadien des Prozesses antizipiert:

Eins wird zwei, zwei wird drei, und aus drei kommt das EINE als viertes.

Ferner prägte sie den Satz von der Vermählung der „weißen und roten Masse“ – das vierte Stadium *rubedo.* Sie erfand auch den Destillierapparat und die Retorte, die seither zur Grundausrüstung jedes Labors gehören. Und durch sie wissen wir von der Existenz anderer weiblicher Alchimisten (wie Zosismus' Schwester Theosebeia).

Ein weiterer wohlbekannter Name war, nach Democritus, Zosimus, ein Visionär, der im fünften Jahrhundert in seinem Laboratorium experimentierte und eine Vielzahl von Traktaten schrieb, darunter *The Great and Divine Art of the Making of Gold and Silver.* Daß Iamblicus, Moses oder gar Cleopatra alchimistische Texte verfaßt haben sollen, ist hingegen höchst unwahrscheinlich. Solche Behauptungen waren wohl eher ein Versuch, der Alchimie mehr Autorität und Glaubwürdigkeit zu verleihen, denn berühmte Autoren aus dem Altertum durften eher mit Respekt rechnen als die überwiegend unbekannten Zeitgenossen.

Diesen frühen Experimentierern verdanken wir den besonderen Sinn für Boden und Erde sowie die Etablierung der Alchimie als experimentelle Wissenschaft. Alchimie beginnt hier ganz konkret als rein physikalischer Prozeß: als Laborexperiment, das primär der künstlichen Herstellung von Gold, Silber und mitunter auch von wertvollen Edelsteinen diente, mit Techniken, die noch heute in der modernen Juwelierkunst Geltung haben. Eine zentrale Rolle spielte dabei die Färbung von Metallegierungen, beispielsweise die „Weißung“ von Kupfer (mit Arsenik) und die „Gelbung“ (mit beim Aufkochen von Kalk und Schwefel entstehenden Polysulphiden) bei starker Erhitzung.

Die erfolgreichsten Experimente, deren exzentrische und abstruse Rezepturen teilweise überliefert wurden, strebten nach der „Verdoppelung von Gold“ (Herstellung der zwei-

oder mehrfachen Menge). Aus ihnen resultierten zwei wichtige Grundgedanken: einmal das Gold, das als Beweis für seine Reinheit „durch Feuer getestet“ wird; und zum zweiten der Glaube, Gold als Ferment sei in der Lage, Grundmetalle in Gold umzuwandeln. Beides ist sowohl metaphorisch als wörtlich zu verstehen.

Gleichzeitig kristallisierten sich mit der Erfindung neuer Laborausrüstungen, dem Prozeß der Destillation und der Kalzination (Brennen), mit der „Schwärzung“ (Bleirückstände), „Weißung“ und „Gelbung“ die drei Hauptstadien des Werks heraus. Und der Prozeß selbst? Was empfanden diese frühen Alchimisten, wenn sie sahen, wie ein Metall zu schwarzer, formloser Masse zerfiel, um danach wieder zu Metall zu werden – noch dazu ein in ihren Augen weitaus edleres Metall?

Von schwarz zu gold: Tod und Wiederauferstehung, in flüssigem Licht geschmolzenes Metall, stumm vor Bedeutung …

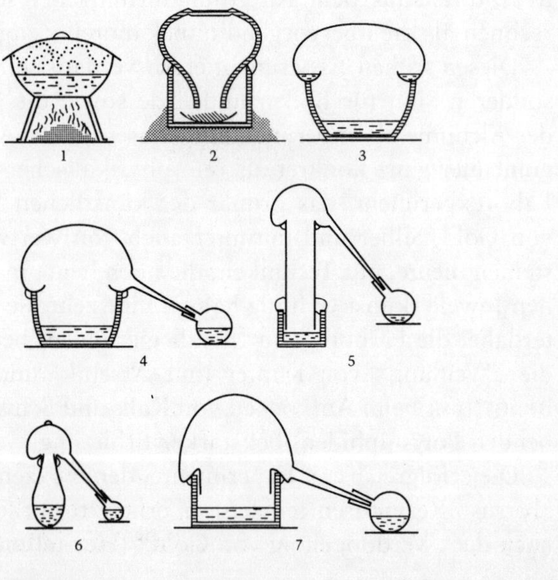

Die jahrtausendealte Parallele zwischen Alchimie und Astrologie, den Planeten und ihren zugeordneten Metallen geht auf die Ägypter und Griechen zurück. Das kosmische Bild mit der Sonne als Zentralpunkt nimmt Gestalt an:

☽	☿	♀	☉	♂	♃	♄
Mond Silber	Merkur Quecksilber	Venus Kupfer	Sonne Gold	Mars Eisen	Jupiter Zinn	Saturn Blei

Saturn galt als äußerster Planet (bevor Neptun, Uranus, Pluto und in jüngster Zeit Chiron entdeckt wurden); die anderen spiralförmig angeordneten Planeten *orientierten sich nach innen zum Zentrum*, zu Sonne/Gold, zum Sonnen-Gold: dem Punkt in der Mitte des Kreises.

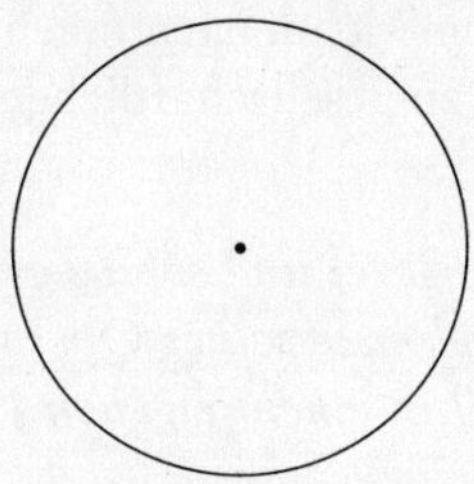

MITTELALTER

In dieser Epoche trat die Alchimie ihre Reise in die westliche Hemisphäre an. Unter den ersten Übersetzungen aus dem Arabischen – vor allem von Texten Jabir-ibn-Hayyans oder Gebers, wie ihn die Europäer nannten – befand sich auch *Die Smaragdtafel.* Die islamische Kultur war wegen des arabischen Einflusses in Ägypten seit dem achten Jahrhundert durch Alchimie geprägt, und die Araber brachten sie nach Spanien und Süditalien. Die erste bekannt gewordene Übersetzung eines alchimistischen Manuskripts aus dem Arabischen ins Englische fertigte Robert of Chester bei einem Spanienaufenthalt im Jahre 1144 an.

Damals nahm das Interesse an Wissenschaft allgemein stark zu, und so stieß auch Alchimie allenthalben auf wachsende Neugier. Die gescheitesten Köpfe – Albertus Magnus, Roger Bacon, Thomas von Aquin – setzten sich mit ihr auseinander. Existierte Alchimie wirklich? Kam sie von Gott? Löste sie ihr Versprechen ein? Papst Johannes XII jedenfalls verurteilte sie in einem 1317 erlassenen Dekret:

Selbst arm, versprechen die Alchimisten Reichtümer, die nicht Wirklichkeit werden; weise in ihrer Einbildung, fallen sie in die Grube, die sie selbst gegraben haben.

Albertus Magnus beispielsweise war da anderer Meinung. Seine Gebote für den Alchimisten machen deutlich, warum diese Gruppe rasch zu gesellschaftlichen Außenseitern wurde:

Erstens. *Er soll diskret und schweigsam sein und niemandem die Ergebnisse seiner Operationen mitteilen.*
Zweitens. *Er soll in einem eigenen Haus in isolierter Lage wohnen.*
Drittens. *Er soll die Tage und Stunden für seine Arbeit diskret wählen.*
Viertens. *Er soll Geduld, Sorgfalt und Beharrlichkeit besitzen.*
Fünftens. *Er soll bestimmte Regeln bei seinen Experimenten befolgen.*
Sechstens. *Er soll nur Gefäße aus Glas oder glasiertem Ton verwenden.*
Siebtens. *Er soll wohlhabend genug sein, um die Kosten seiner Kunst selbst zu tragen.*
Achtens. *Er soll sich von Prinzen und Nobelmännern fernhalten.*[3]

Diese letzte Warnung wurde, wie wir später sehen werden, zuweilen ignoriert – mit fatalen Konsequenzen.

Im Mittelalter hielten Argumentation und Präzision Einzug in die Alchimie, der Prozeß selbst wurde in geordneterer und zugleich kosmologischerer Weise geschildert. Ein gutes Beispiel hierfür sind die auf den sehr einflußreichen Philosophen Ramon Lull († 1316) zurückgeführten Schriften.

Lull machte uns mit der *prima materia,* der „Urmaterie“, bekannt. Er nannte sie *argent vive* („lebendes Silber“). Dieses Quecksilber verkörpert, wie später im Zusammenhang mit Hermes oder Mercurius aufgezeigt wird, die Essenz des Prozesses.

Seiner Argumentation nach handelte es sich hierbei um den Urstoff, aus dem die ganze übrige Schöpfung hervorging. Ihre feinste Substanz bildete die Körper der Engel, dann die Himmelssphären, Sterne und Planeten; die gröbere alle irdischen Körper, unsere eigenen eingeschlossen. Als Materie wurde das *argent vive* zu den vier Elementen Feuer, Erde, Luft und Wasser, das separate fünfte Element nannte er die *Quintessenz.* Lull glaubte mit anderen Worten, in allem und jedem stecke ein Stück Himmel und der göttliche Einfluß könne Fortpflanzung und Verderben oder Tod und Wiedergeburt bewirken.

Diese Vision entstammt dem *Testament of Lullius,*[4] das nach der Steinigung des Märtyrers durch Moslimen bei seiner Ankunft in Afrika rasante Verbreitung fand. Diese auch heute noch relevante alchimistische Kosmologie in purester Form verquickt Himmlisches und Irdisches zu einer homogenen Einheit:

Argent Vive
himmlische Körper: Engel
Himmelssphären
Quintessenz
Feuer, Erde, Luft und Wasser

Mann/Frau
Bäume, Pflanzen, Mineralien, Felsen –
terra firma

Gleichzeitig wurde das physikalische Fundament der Alchimie weiter erforscht. Der Alkohol als Weindestillat wurde entdeckt (*aqua ardens:* „Wasser, das brennt"), als Quintessenz geschätzt und forthin als Arznei eingesetzt – zum Beispiel der von Dom Bernardo Vincello 1510 erfundene Benediktinerlikör. Wie sich herausstellte, vermochte der Alkohol, Kräutern und Pflanzen ihre Essenzen – oder Quintessenzen – zu entziehen, so daß mit der Entstehung der uns heute bekannten Blütentherapien die heilende Dimension der Alchimie stärker ins Bewußtsein rückte.

„Wie oben, so unten" – Fortschritte gab es an beiden Fronten. Je mehr der Himmel erforscht wird, desto mehr offenbart sich uns die Erde. Wir müssen nur – wie die Alchimisten – ein Auge dafür haben.

☿

Doch wie jedes Licht auch Schatten wirft, so gab es neben den Alchimisten reiner Gesinnung auch Schwindler und Scharlatane. Diese „unreine" oder „falsche" Alchimie tauchte zur gleichen Zeit auf und hielt sich über die folgenden drei Jahrhunderte, in denen Alchimie groß in Mode war. Der alchimistische Schwindler (Frauen scheinen sich interessanterweise nicht darunter befunden zu haben) kostümierte sich für seinen Auftritt und zog den leichtgläubigen unter seinen betuchten Förderern mit primitiven Verschwörungstricks das Geld aus der Tasche. Höhepunkt der Darbietung war ein Experiment, für das er einen Brenner und einen mit Quecksilber gefüllten Schmelztiegel aufbaute. Dorthinein streute er das kostbare „Pulver der Präjektion“ (die Substanz des Steins) – entweder als Kreide oder rotes Blei – und erhitzte die Mixtur.

Inzwischen hatte er natürlich etwas Gold, in einem Stück Kohle oder in der Spitze des Rührstabs versteckt, hineingeschmuggelt. Das erhitzte Quecksilber verdampfte, und – oh Wunder! – ein Bröckchen reinen Goldes blieb zurück. Bei einem anderen populären Trick wurde ein schon vorher halb vergoldeter , aber angeschwärzter Nagel oder ein Messer verwendet und die schwarze Schicht sodann mit einem Lösungsmittel entfernt – zur Begeisterung des staunenden Publikums.

Die Pseudo-Alchimisten waren von Anfang an Zielscheibe für beißende Satire – erst bei Geoffrey Chaucer in *Canon's Yeoman's Tale*[5] und später in dem gefeierten Bühnenstück von Ben Johnson: *The Alchemist* (1610). Doch das hielt sie nicht davon ab, weiter ihren Hokuspokus zu treiben. Interessanterweise, so weiß man, kamen sie dabei nur selten ungestraft davon – sie wurden gefoltert, ins Gefängnis geworfen, öffentlich geschmäht und hingerichtet. Man könnte fast meinen, die Alchimie verfüge über einen eingebauten Mechanismus, der den Verrat an ihrem Geist rächt. Unbewußt enthüllten die Pseudo-Alchimisten gewisse Probleme des chemischen Prozesses, die wir später erörtern werden.

☿

Ganz anders der französische Alchimist Nicholas Flamel (1330–1417) und seine Frau Perenelle. Flamel, der Schreiber in Paris war, begegnete der Alchimie in Gestalt eines großen, goldverzierten Buches, das dem Vernehmen nach aus der Feder Abraham Eleazars stammte und neben obskuren, wohl griechischen Textpassagen eine Reihe faszinierender, aber auch beunruhigender Illustrationen enthielt. Abgebildet waren eine Jungfrau, die von Schlangen verschluckt wurde, eine gekreuzigte Schlange und eine von Brunnen und Schlangen bevölkerte Wildnis. Was hatte das zu bedeuten? Flamel konsultierte einen befreundeten Mediziner, Anselm, der ebenfalls ratlos war. Dann versuchte er ein paar Jahre lang, der Bedeutung mit eigenen Experimenten auf die Spur zu kommen – vergebens. Er entschloß sich zu einer Pilgerfahrt nach Spanien, in der Hoffnung, dort einen Rabbi zu finden, der ihm weiterhelfen würde (Eleazar war Jude). Auch dort hatte er kein Glück, traf aber auf der Rückreise in Lyon einen Meister Canches, der ihm, so heißt es, die Illustrationen bereitwillig erklärte, auf der Rückreise nach Paris jedoch plötzlich verstarb und Flamel allein zurückließ. Wieder zu Hause, machte dieser sich sofort an die Arbeit, und nach drei Jahren gelang ihm am 17. Januar 1392 die Herstellung des „ersten Agens", was er an seinem strengen Geruch erkannte. Er verwandelte im Beisein seiner Frau ein halbes Pfund Quecksilber in reines Silber. Am 25. April projizierte er den roten Stein auf die gleiche Menge Quecksilber und erschuf damit reines Gold. Dieses Experiment wiederholte er dreimal.

Flamel und Perenelle wurden daraufhin außerordentlich reich, doch statt ihre Reichtümer für sich zu behalten, bauten sie Krankenhäuser und Kapellen, restaurierten Friedhöfe und beschenkten die Kirche. Mit anderen Worten: Sie nutzten ihr Geld, um als König und Königin der Welt zu dienen. Perenelle, so ist anzunehmen, begleitete Flamels Schaffen nicht nur als Ehefrau, sondern auch als seine Geliebte und *soror mystica,* die mystische Schwester oder das Feminine, das dem Mann hilft, sich selbst zu finden – in der Tiefe seines eigenen Herzens, allein und abgeschieden.

Nicholas Flamel – eine Ausnahmeerscheinung in jeder Beziehung, ein *wahrhaftiger* Alchimist.

Renaissance

„Renaissance" bedeutet wörtlich „Wiedergeburt" oder „Erneuerung" – eine Stimmung des Aufbruchs, die zwischen dem vierzehnten und sechzehnten Jahrhundert alle Bereiche des intellektuellen und künstlerischen Lebens in Europa bewegte. Egal ob in der Malerei, Bildhauerei, Poesie, Theologie oder Philosophie – überall brach man nach klassizistischem Vorbild zu neuen Ufern auf.

Für die Alchimie bedeutend waren damals die Übersetzungen griechischer alchimistischer – hermetischer – Texte durch den Italiener Marsilio Ficino. Die Autoren der Renaissance bestätigten die Alchimie nicht nur als experimentelle Disziplin, sondern sahen in ihr auch die Chance einer Verschmelzung von natürlicher Magie und christlicher Theologie zu einer neuen, aufregenden Synthese.

Zwei außergewöhnliche Männer, beide Deutsche, gingen aus dieser Epoche hervor. Der erste war Cornelius Agrippa (1486–1535), dessen *Okkulte Philosophie* mit ihrer Mischung aus Neoplatonismus, Magie und Kabbala zum Handbuch der neuen Denkensart avancierte. Hierin unterscheidet er – in Übereinstimmung mit Ramon Lull – drei wichtige Daseinsstufen: Die unterste Welt umschreibt er mit „die Elemente" und assoziiert sie mit Magie und Mystik; es folgt das Astralreich, zu dem er auch die Mathematik rechnet; und schließlich das angelistische Reich des „Engels Magie", das Zugang zu einer höheren Intelligenz gewährt. Seiner Behauptung nach „(enthält) der nun all-mächtige Name Jesu die Macht des Tetragrammaton" (ursprüngliche Bezeichnung für Gott). Genau wie bei Flamel handelt es sich um eine christliche Ausrichtung, die mehr ist als nur eine Affirmation blinden Glaubens.

In seinem abenteuerlichen Leben probierte Agrippa vieles aus; die Alchimisten nannte er kritisch „eins von beidem: Mediziner oder Seifenkocher". In *Die Eitelkeit der*

Wissenschaften und Künste, seinem letzten Buch, umgibt er den Alchimisten mit der Aura des Versagers, die vielleicht auch seine eigene war:

> *Wenn er den Lohn seiner Arbeit erwartet, die Entstehung von Gold, Jugend, Unsterblichkeit, ist er, nachdem er soviel Zeit geopfert und keine Kosten gescheut, am Ende alt, zerlumpt und reich nur im Mysterium. Und so erbärmlich, daß er, zum Verkauf seiner Seele für ein paar Münzen bereit, sich auf krumme Wege und das Fälschen von Banknoten verlegt ...*[6]

Wie Jonathan Swift wird er am Ende zum Zyniker mit düsterem Blick – trotzdem bleibt seine Philosophie alchimistisch und innovativ zugleich.

Die zweite wichtige Figur ist Theophrastus Paracelsus († 1541), dessen Argumentation eine andere war. Seinem Ansatz nach geht es in der Alchimie nicht um die Herstellung von Gold – zumindest nicht von materiellem Gold –, sondern um die Erweiterung des Arzneischatzes. Als Arzt der Renaissance glich Paracelsus einer Ein-Mann-Revolution. Er verwarf die akademischen Methoden der Schulmedizin, denunzierte ihre Vertreter als „gelackte Affen", extrem primitiv, und empfahl statt dessen, sich in – wie er es nannte – „das Buch der Natur" zu vertiefen oder anders ausgedrückt: in die Naturphilosophie, Alchimie und praktische Forschung. Bei einer seiner Lesungen als Professor an der Baseler Universität verbrannte er sogar die Bücher der medizinischen Wegbereiter. Dieser Akt, der ihn seine Stellung kostete, war nicht nur anarchisch, sondern ein bewußtes Zeichen seiner spirituellen Überzeugung. Er konstatierte:

> *Gott macht den wahren Mediziner, jedoch nicht*
> *ohne Schmerzen auf des Menschen Seite ...*[7]

Für Paracelus, der in seiner Jugend bei Trithemius, Abt von Sponheim, Alchimie studiert hatte, definierte sich die Essenz der Natur bzw. des Naturgesetzes über die Beziehung zwischen den drei Kräften Quecksilber, Salz und Schwefel. Quecksilber und Schwefel erzeugten seiner Ansicht nach die zentrale Dynamik des Prozesses. Gott war für ihn nicht die graubärtige Figur aus dem Alten Testament, sondern das *Mysterium Magnum,* das große Mysterium, ein Konzept, das sich am Heiligen Geist in seiner formlosen, alles durchdringenden Omnipräsenz orientierte. Paracelsus behauptete, wir alle hätten, da wir Teil der Erde und der Sterne sind, ein *inneres* himmliches Wesen oder *Astra* – daher der Begriff „Astralkörper" –, und *dieses* sei für unsere Gesundheit verantwortlich. Zeigt der Körper Disbalancen, so glaubte er, seien Medikamente notwendig. Dabei basierten die Arzneimittel, die er erfand und seinen Patienten verordnete, auf der bereits skizzierten Vorstellung von der Quintessenz. Modern ausgedrückt, arbeitete er nach einem komplementären System, das sowohl allopathische als auch homöopathische Züge besaß. Sein Prinzip war holistisch – die Behandlung und Heilung des Menschen in seiner *Ganzheit* stand für ihn im Vordergrund.

Paracelsus' Einfluß und seine Persönlichkeit waren charismatisch, seine Werke – einschließlich der *Astronomia magna* (1537–1539) – werden Jahrhunderte später noch studiert und zur Referenz herangezogen. Von allen alchimistischen Praktizierern ist seine Philosophie die konsequenteste, sein Mystizismus und sein zweites Gesicht waren einzigartig. Wie Agrippa verbrachte er sein Leben mit rastloser Wanderschaft und starb in Armut. Doch seine Hinterlassenschaft wird uns alle überleben: *Wir sind kosmischer Staub* – das waren seine Worte.

IN ENGLAND

Zur Zeit der Renaissance fand die Alchimie in England immer stärkere Verbreitung, und sämtliche Schichten – Adelige, Geschäftsleute, Priester und Laien – waren von ihr gefesselt. Thomas Norton schrieb 1477 in *Ordinall:*

Der gemeine Arbeiter den Spott nicht fürchten muß,
Denn auch der Adelsmann dies noble Wirken lieben tut.

Auch um die Spreu vom Weizen zu trennen, wurden Verbote gegen die „Multiplikation von Metallen" erlassen. Jeder, der sich alchimistisch betätigen wollte, mußte von jetzt an eine Lizenz erwerben, doch viele hielten sich nicht an diese Vorschrift. Ein anonymer Zeigenosse warnt:

Deshalb hüte deine Zunge, verstecke deine Hand,
Vor der Obrigkeit im Land;
Und vor allen anderen, damit sie von deiner Kunst nichts wissen,
Weil sie sonst den Galgen für dich hissen.[8]

Das bringt uns auf die Notwendigkeit der Geheimhaltung, die sich in den Zeichen und Symbolen, mit denen alchimistische Texte (anfangs zum Schutz vor Uneingeweihten) überfrachtet waren, äußerte und auch aus praktischen Gründen, in Anlehnung an die Empfehlungen von Albertus Magnus *(siehe S. 24)*, geschah. Jeder, von dem man annahm, er könne Gold herstellen, mußte damit rechnen, gebeten oder gar gezwungen zu werden, genau dies zu tun; und angefangen bei Edward III über Elisabeth I bis hin zu Charles I und Charles II im siebzehnten Jahrhundert gab es immer wieder Belege für solche Übergriffe. Die Alchimisten boten eine große Angriffsfläche: Nicht nur hatten sie sich einem komplexen und schwierigen Streben verschrieben, jetzt riskierten sie auch noch, Leuten zum Opfer zu fallen, die mit ihrer Hilfe Geld scheffeln wollten.

Norton erzählt die Leidensgeschichte von Thomas Daulton († 1471), ein „guter Mann“, der von einem seiner Gutsherren, Lord Herbert, König Edward IV vorgeführt wurde. Sir John Delves, ein Auftraggeber Daultons, hatte sein Schweigegelübde gebrochen und dem König berichtet, Daulton habe ihm „in weniger als einem Tag tausend Pfund gutes Gold gemacht“. Daulton erzählte dem König, um weiterem Ärger vorzubeugen, er habe das rote Pulver in den See geworfen. Der König ließ ihn dann frei, worauf Lord Herbert ihn kidnappte, in sein Schloß nach Monmouthshire brachte und vier Jahre gefangenhielt, in der Hoffnung, ihm sein Geheimnis entlocken zu können. Doch Daulton verriet nichts.

Von der Gefangenschaft geschwächt, starb er kurz nach seiner Entlassung. Norton schreibt lakonisch:

So war seine Qual, wie ich's Euch bericht',
Durch Männer, die der Teufel nicht anficht.
Herbert kurz drauf in seinem Bette verstarb,
Und Delves in Tewkesbury vor den Henker trat.

Unter solchen Verhältnissen wundert es nicht, daß die Geschichte der Alchimie von Schwierigkeiten und Finsternis gezeichnet war, obwohl weiterhin Fortschritte erzielt wurden.

Freilich gab es auch echte und ehrliche Meister – einer davon war Norton selbst. Geboren in Bristol, wurde er für sein Hauptwerk berühmt, aus dem ich eben zitierte. *Ordinall of Alchimie* ist ein langes alchimistisches Gedicht, das wertvolle historische Einblicke liefert und von tiefem religiösen Gefühl und Verpflichtung zeugt. Letztere veranlaßte ihn, 100 Meilen zu reisen, um seinen Meister (vermutlich

George Ripley) zu finden und 40 Tage lang in die Kunst eingewiesen zu werden.

George Ripley († um 1490) war Kanonikus in Bridlington in der Grafschaft Yorkshire. Er strebte nach einer präziseren Beschreibung aller Stadien des alchimistischen Prozesses, indem er sie in seinem Werk *Compound of Alchymie* (1475) als eine Abfolge von 12 Toren aufzählte: Kalzination, Solution, Separation, Konjunktion, Putrefaktion, Kongelation, Cibation, Sublimation, Fermentation, Exaltation, Multiplikation und Projektion.[9]

Die Begegnung mit einem Meister war Voraussetzung, denn die Inhalte der Kunst wurden mündlich weitergegeben. Der Legende nach gab Ripley sie an „einen Kanonikus von Lichfield" weiter, der wiederum Thomas Daulton einwies, während William Holloweye (alias Gibbs), Prior von Bath Abbey, Thomas Charnock (* 1524) unterrichtete, der in Combwhich, einem kleinen Dorf in Somerset, praktizierte.

Charnock illustriert die Schwierigkeiten, denen der Alchimist ausgesetzt war. Er berichtet von der Problematik, sein Schaffen geheimzuhalten, und der Neugierde der Handwerker, die beim Installieren der Laborvorrichtung halfen. Wir hören förmlich die verwunderten Fragen des Töpfers und des Glasbläsers: „Und wofür wird *das* gebraucht?" Ganz zu schweigen von den Kosten, noch bevor die eigentliche Arbeit losging. Und danach? Charnock schildert Frustration, Scheitern und Neubeginn, darunter eine Episode, wie er in einem Wutanfall seine Werkstatt mit dem Beil komplett zertrümmerte, als er aufgrund der Besatzung von Calais die Stadt verlassen mußte. Noch in seinem Todesjahr 1581 versuchte er, nach endlosen „Zirkulationen", den weißen Stein zu erzeugen.[10]

Hundert Jahre später berichtete ein benachbarter Geistlicher:

An der Tür zu seiner kleinen Kolbenkammer (wenn ich sie so nennen darf) sah ich, von seiner Hand mit grober Farbe und Technik, aber dennoch genial gemalt, ein Emblem seines Werkes, über das ich eine Weile rätselte. An den Wänden der Kammer fanden sich nicht weniger als 5 Tafeln seines Werkes, alle unterschiedlich, einige sehr dunkel, andere fast verblaßt.

Man hatte mir gesagt, niemand wolle in dem Haus wohnen, das als unheilbringend galt, wohl wegen der überlieferten Geschichten über diesen Mann, den seine Nachbarn für nichts besseres als einen Geisterbeschwörer hielten …[11]

Die soziale Situation des Alchimisten, die in vielerlei Hinsicht der des Künstlers ähnelte (nur schlimmer), kommt hier anschaulich zum Ausdruck.

Gleichzeitig beobachten wir mit der wachsenden Einsicht in das Werk eine *Humanisierung* des Prozesses – ein für unser Verständnis der Alchimie, ihrer Vertreter und ihrer heutigen Relevanz außerordentlich wichtige Entwicklung. Die Alchimisten, deren Phantasie aufgerüttelt und in Brand gesetzt war, benutzten Analogien aus der humanen Welt, um die vor ihren Augen ablaufenden chemischen Prozesse in Worte zu fassen. Geradezu meisterhaft beherrschte dies F. Sherwood-Taylor, der uns tiefschürfende, historische Erkenntnisse zur Alchimie vermachte:

Die Kombination zweier Körper bezeichnete er als Vermählung; *den Verlust ihrer charakteristischen Eigenschaften als* Tod; *die Entstehung von etwas Neuem als* Geburt; *das Aufsteigen von Dämpfen als* Geist, der dem Körper entweicht; *das Erstarren zu einer volatilen Festigkeit als die Schaffung eines spirituellen* Körpers. *Diese Begrifflichkeiten prägten seine Vorstellung von dem, was passieren sollte, und er be-*

schloß daher, der finale Endzustand der Substanzen, mit denen er operierte, solle analog zum finalen Ende des Menschen sein – eine Seele in einem neuen, strahlenden Körper, voll Klarheit, Subtilität und Agilität.[12]

Damit betreten die Protagonisten im Prozeßdrama erstmals die Bühne, mit denen wir uns im Hauptteil noch einzeln und detailliert beschäftigen werden. Sie sind:

der alte König
(oder das alte Bewußtsein)

Sol
(die Sonne, Schwefel: das männliche Prinzip)

Luna
(der Mond, Quecksilber: das weibliche Prinzip)

Mercurius
(= Hermes, Merkur: Hauptagens im Prozeß und hermaphrodites/bisexuelles/androgynes Prinzip)

Große Dame Alchymia
(auch *Anima Mercurii:* der Geist der Alchimie, dominanter Einfluß und initiierende Kraft)

der Alchimist selbst
(*artifex*)

soror mystica oder *frater mysterium*
(die mystische Schwester oder der geheime Bruder: die Begleiter im Werk)

Sie alle werden je nach individueller Konzeption und Vorstellung vielfältig und unterschiedlich porträtiert.

Dies wirft einen weiteren wichtigen Aspekt auf: die alchimistischen Bilder, die auch Nicholas Flamel in seinem Buch entdeckte. Sie dienen der Illustration von Schlüsseltexten und zeigen in speziellen Ausgaben wie *Splendor so-*

lis (1583)[13] eine außergewöhnlich hohe Perfektion. Die Bilder, die auch dieses Buch illustrieren, verdanken ihre Entstehung den Problemen, die die Alchimisten hatten, ihre Erkenntnisse in Worte zu fassen. Zweifellos trugen sie auch, durchaus beabsichtigt, zur Geheimhaltung der Kunst bei; in jedem Fall machen sie deutlich, daß die visuelle Sprache der Alchimie genauso bedeutend ist wie die verbale und manchmal sogar leichter zugänglich. Egal ob als unfertige Skizzen oder ganze Gemälde, regen sie unsere Phantasie an und ermuntern zum Umschalten von der Ratio auf die Intuition. Ähnlich wie Träume kommen sie aus dem Unterbewußtsein, wo das Licht der Seele leuchtet, und sind doch auch vorsätzliche, bewußte Ausdrucksformen.

Alchimistische Bilder und Symbole entstanden als erste Kunstform aus dem Unterbewußtsein, lange vor dem Surrealismus oder Expressionismus. Sie wurden meines Wissens nie ausgestellt, dabei läßt uns ihre intensive Betrachtung Künstler wie etwa William Blake, der seine Gedichte in ähnlicher Weise mit kolorierten Kupferätzungen versah, sicherlich besser verstehen.[14]

Doch in der Hauptsache dienen diese Zeichnungen von Drachen, Löwen, Schlangen, Raben, Pelikanen, Skeletten, Sonnen und Monden, König und Königin und des allgegenwärtigen Mercurius als Aufruf, unseren innersten Gefühlen nachzuspüren und Ausdruck zu verleihen.

Ich schlage daher vor, daß Sie einige der Bilder in diesem Buch eingehend betrachten und versuchen, zu fühlen, welche Emotionen sie in Ihnen auslösen.

Was sind das für Emotionen?

Faszination? Abscheu? Verwirrung?

Und wie ist Ihre physische Reaktion auf sie?

Schließen Sie nun Ihre Augen, und seien Sie offen für Ihre Gedanken ... oder für das, was Ihnen gerade in den Sinn kommt ...

HERMETIK

Ihren Höhepunkt fand die englische Alchimie wohl in der Renaissance-Figur des John Dee, der eine umfangreiche Bibliothek in Mortlake (heute ein Londoner Vorort) mit einer ganzen Sektion über seinen Haupteinfluß, Paracelsus, und ein Laboratorium besaß. Er war praktizierender Alchimist und Astrologe, lehrte Kosmographie, reiste eigens nach Prag, wo er beim Kaiser Rudolf II um eine Audienz ersuchte und hielt ab 1580 Seancen mit dem „Engel Magie“ ab. Diese führten zu einer Reihe bemerkenswerter Texte, darunter *The 48 Angelic Keys,* die einiges von dem, was in unserem Wassermannzeitalter passierte, richtig prophezeiten.

So erfolgreich und charismatisch Dee mit seiner komplexen Persönlichkeit auch war, zählte er doch zu den letzten seiner Art, denn nach seinem Tod zu Beginn des siebzehnten Jahrhunderts zieht sich die Alchimie immer mehr zurück – distanziert sich von der Öffentlichkeit und jeder Art von Showrummel.

„Hermetisch“ kommt von Hermes und heißt wörtlich „geheim“ oder „abgeriegelt“. Von der Außenwelt sickert nichts durch, was für den im Kolben des Alchimisten ablaufenden Prozeß eine wichtige Voraussetzung ist. Ferner klingt an, daß es hier um etwas geht, das nur versteht, wer *in sein Innerstes* dringt, genau wie wir die Liebe nur verstehen, wenn wir *in ihr* sind. Alchimie erfordert die gleiche Inwärtswendung, die gleiche Intimität und Abgeschiedenheit.

Der zweite Grund für diese Tendenz war die immer wichtiger werdende Rolle der Chemie, besonders nach 1650, als Wissenschaft und rationale „Aufklärung“ stärker an Boden gewannen. Die chemische Seite der Alchimie fiel zunehmend in die Zuständigkeit der Chemiker. Was bedeutete das für die Alchimie? Sie wurde spiritualisiert. Seit dieser Zeit verschreibt sich die Alchimie der Bewahrung einer göttlichen Weltsicht im Gegensatz zu einer, die Geist und

Materie analytisch trennt, in der die spirituelle Perspektive fehlt. Alchimie tritt also aus dem Labor heraus und wird Philosophie – hermetische Philosophie. Aus dieser Neuorientierung resultiert eine neue Herausforderung, die vorwegnimmt, wo wir heute stehen. Alchimie avanciert zur *Wissenschaft des Selbst.*

Wir begegnen diesem Aspekt im Werk des deutschen Mystikers und Schuhmachers Jakob Böhme († 1624), der, ebenfalls von Paracelsus beeinflußt, dem „Buch der Natur" ins Herz sah und den Stein den „Geist Christi" nannte. Wir begegnen ihm bei Michael Maier († 1622), auch er Deutscher, Arzt und mit den Rosenkreuzern liiert, ebenso wie bei dem englischen Arzt Robert Fludd († 1637), der in seinem monumentalen Werk *The History of the Microcosm and the Macrocosm* sämtliche alternative Denkstränge miteinander verwob. Nicht zu vergessen Thomas Vaughan (1621–1665), Zwillingsbruder von Henry Vaughan, metaphysischer Dichter und Zeitgenosse John Donnes', der die wörtliche Alchimie mit einer „Tortur von Metallen" gleichsetzt:

> *Ich tat, Ihr Leser, in einigen kleinen Traktaten mein philosophisches Urteil kund, denn an die Alchymie als Tortur von Metallen habe ich nie geglaubt, noch weniger habe ich sie studiert.*[15]

Welchen Inhalt hat die hermetische Philosophie? Nun, sie ist neoplatonisch und christlich geprägt, wenn auch nicht von der Art Christentum, die wir gewöhnlich kennen. In vielerlei Hinsicht ähnelt sie Lulls Philosophie *(siehe S. 25)*, wurde jedoch deutlicher von der Renaissance beeinflußt.

Wieder ist der Ansatz holistisch: „Oben" und „unten" werden durch das Wirken des Göttlichen, oder Gottes, vereint. Als Dreifaltigkeit von Vater (oder Vater-Mutter), Sohn und Heiligem Geist läßt er sich so strukturieren:

Sonne
Gott: als übernatürliches Fundament

Licht
Gott der Sohn: nach dessen Bild die Dinge geschaffen werden

Feuer
Gott der Heilige Geist: der Geist, der die Schöpfung umfängt

Gott als *Mysterium Magnum* oder Großes Mysterium ist *all das* gleichzeitig: unaussprechlich, über und in allem, als Quelle und Geheimnis.

Für die hermetischen Alchimisten war Gott der Schöpfer der „Urmaterie", und ihre Vorstellung von der Genesis setzte die Urmaterie mit Dunkelheit gleich. In diese Schwärze trat das Licht (oder „das Wort" im Johannesevangelium) und entzündete den alchimistischen Prozeß, der aus der Basismaterie die Schöpfung kreierte. Das Resultat von Hitze und Licht ist eine ätherische Substanz, die Vaughan – entsprechend Lulls *argent vive* *(siehe S. 25)* – *Anima* nennt. Auch sie ist feminin, ein Synonym sowohl für „Seele" als auch für „Atem". Aus dieser *Anima* entstehen alle übrigen Daseinsstufen, bis hinunter auf die elementare und physikalische Ebene.

Auch die Elemente wurden mystifiziert. Die Luft galt als magisches Element, als Reich der Phantasie und der Geister, während das Wasser Luft und Erde, oder „oben" und „unten", verband. Die Erde war der Ort der Schöpfung – ein Schoß oder Nährboden, aus dem, unter dem kosmischen Einfluß der Sterne, alles Neue entsteht.

Versuchen Sie jetzt, sich jedes Element auf diese Weise vorzustellen. Denken Sie daran, daß die Elemente hier spirituell gemeint sind, eine sichtbare und eine unsichtbare Dimension haben.

In der Materie verbinden sich also Geist und Stofflichkeit zu einer Einheit. Und der Stein? Die Hermetiker betrachteten ihn als materielles oder „verstofflichtes“ Licht, für das Christus den Prototyp bildete. Christus als der perfekte Mensch, der Stein als perfekte Materie – als durch Bewußtsein realisierte Materie, mit der uns Reinigung, Erwachen und Erlösung zuteil wird.

Wenn dies zu abstrakt anmutet, hier ein im siebzehnten Jahrhundert von George Herbert verfaßter lyrischer Text, der von dieser Reinheit als Gebet und als Realität spricht:

Das Elixier

Lehre mich, mein Gott und König,
In allen Dingen Dich zu sehen,
Und bei allem was ich tu'
zu tun als sei's für Dich.

Möge der auf Glas blickt,
Mit seinem Auge dort verweilen;
Oder es durchdringen,
Auf dass den Himmel er erspäht.

Alle sollen von Dir zehren;
Nichts kann sein so schlecht und schäbig,
Als dass die Tinktur „mit Deinem Segen“
Es nicht rein und helle macht.

Wer Dir dient nach dem Gebot,
Dessen Schinden göttlich wird;
Wer mit der Prämiss' die Stube fegt,
Ein grandios erhaben Werk begeht.

Dies ist der berühmte Stein,
Der alles macht zu Gold;
Denn was Gott gehört und er berührt,
Nur golden Lob verdient.

Selten wurde das Wesen der Alchimie so treffend ausgedrückt – und das zu einer Zeit, als die Saat des Niedergangs bereits gesät war.

DER NIEDERGANG DURCH DIE WISSENSCHAFT

Bis dahin hatte niemand ernsthaft an der Möglichkeit von Transmutationen gezweifelt – so gewaltig waren das Versprechen der Alchimie und seine bewußte oder unbewußte Wirkung. Doch im siebzehnten Jahrhundert wurden erste konträre Stimmen laut, wie die des Deutschen Semler, der das Elixier öffentlich verleugnete, nachdem auch er einem Schwindler, dem Baron Hirschen, aufgesessen war. Und wenn die vielen Pseudo-Alchimisten ihr noch nicht genug schadeten, so wurden der siechenden Alchimie durch das zunehmende Studium tatsächlicher chemischer Prozesse weitere Todeshiebe versetzt. An die Stelle von Theorie und Generalisierung traten Praxis und detaillierte Forschung, in London wurde die Royal Society gegründet, und Robert Boyles *The Sceptical Chymist* gab den neuen Ton an.

Dabei ist wichtig festzustellen, daß Alchimie und Chemie sowohl völlig unterschiedliche Ziele als auch Hintergründe hatten. Die Wurzeln der Chemie liegen in der Pharmazie: in Paracelsus' Betonung von Experiment und Medizin und in Descartes' analytischer Sicht der Materie,[16] die bedingte, daß die Dinge eher in ihre Einzelteile zerpflückt statt als Ganzes gesehen wurden. Wenn die Alchimie ein Buntglasfenster ist, so ist die Chemie die Analyse seiner Fragmente, herausgenommen aus dem *einen* Licht, das sie durchscheint. Und je mehr man anfing, Geist und Materie getrennt zu betrachten, um so mehr sah man letztere als etwas Mechanisches, das fixen und beweisbaren Gesetzmäßigkeiten folgte.

Ziel der Chemie war also nicht die Perfektionierung der Materie, sondern ihre Analyse. Um letztere ging es Robert

Boyle († 1691) mit seinen Experimenten (Siedepunkt von Flüssigkeiten, gefrierendes Wasser, Verbrennung) und John Mayow († 1679), der um ein Haar – vor Priestley und Lavoisier – den Sauerstoff entdeckte. Und Hermann Boerhaave, der zu Beginn des achtzehnten Jahrhunderts Chemie an der Universität Leiden lehrte, widerlegte in *Elementa chemiae,* was er für die Trugschlüsse der Alchimisten hielt.

Wir haben es hier mit einer komplexen Problematik zu tun, nicht zuletzt wegen der jüngsten „mystischen" Entdeckungen durch die „Neue Physik". Beispielsweise wird der für seine Entdeckung der Schwerkraft berühmt gewordene Isaac Newton aus heutiger Sicht gerne als „Materialist" diskreditiert. Tatsächlich beeinflußte Alchimie Newtons Weltbild bis ans Ende seines Lebens so stark, daß er – wie Maynard Keynes formulierte – „das gesamte Universum und alles, was in ihm ist, als Rätsel" ansah. Wie sonst wäre er auf die Idee gekommen, sich mit einem Kind zu vergleichen, das am Ufer der Ewigkeit spielt?

Interessanterweise gingen seine alchimistischen Texte verloren. Die Wissenschaft schlug eine andere Richtung ein. Die Alchimie ebenso. Die Richtung, die die Alchimie einschlug, paßt zu dem neuerdings gemachten Zugeständnis der Wissenschaftler, Beobachter und Beobachtetes seien wohl doch nicht zu trennen. Wir sind ein Teil des Gesamtbildes, sind *in* ihm – ob uns das gefällt oder nicht –, und die Realität läßt sich nicht einfach vermessen noch beherrschen.

☿

Die Alchimie war Wegbereiter für die chemische Wissenschaft. Ihr verdanken wir die Erfindung diverser Laborgeräte sowie die Entdeckung einer breiten Palette chemischer Stoffe – von Schwefel, Salpetersäure (Geber) und Quecksilberoxid, über Kalomel und Kaliumsulfat bis hin zur Salzsäure (Valentinus). Nicht zu vergessen die Herstellung von Alkohol und Paracelsus' Einführung chemischer Substanzen in die Medizin. In jeder Beziehung schärfte Alchimie unsere Wahrnehmung der Materie. Meiner Meinung nach ließe sich formulieren, daß ihre Konzentration auf den chemischen Prozeß eine unbeholfene Suche nach etwas war, das letztendlich nur spirituell erschlossen werden kann. Wer weiß, wie unser Verhältnis zur Materie sonst aussehen würde?

ESOTERIK

Im neunzehnten Jahrhundert rückt die metaphorische oder mystische Bedeutung der Alchimie in den Vordergrund, obwohl, wie wir gesehen haben, das mystische Element von Anfang an in ihr vorhanden war.

Mit dem Wiedererstarken der Alchimie im neunzehnten Jahrhundert richtet sich der Blick stärker nach *innen*; es gilt das Postulat: „Der Mensch selbst ist das Gefäß". Wir selbst sind die Quelle für *prima materia* und Quecksilber – und wir sind der Kolben, in dem der Prozeß vonstatten geht. Der Kolben ist nicht länger ein externes Gerät, sondern unser Körper ist das Behältnis. „Esoterisch" bedeutet in diesem Sinne „im Innern" (oder für den „Eingeweihten"), mit der Konnotation, daß man *ins Innere* vordringen muß, indem man das Wörtliche metaphorisch versteht. Wir sind das Gefäß und das Feuer, das es erhitzt, während der Prozeß beginnt und sich entfaltet – *und* wir sind der Prozeß. Er ist *in* uns.

Hier lag der Fehler einer Reduzierung auf den rein chemischen Aspekt des Prozesses: *daß die Alchimisten in der Materie suchten, was sie erst in sich selbst finden mußten.*

Das bemerkenswerteste Dokument hierfür lieferte eine Mrs. Atwood (ehemals Miss South), die das Vorbild für Lindsay Clarkes faszinierende Protagonistin Louisa in *The Chymical Wedding* lieferte. Mit ihrem Vater, Thomas

South, schrieb sie *A Suggestive Enquiry into the Hermetic Mystery,* das 1850 erstmals erschien und sofort wieder zurückgezogen wurde. Angeblich fürchtete der Vater, es würde zuviel preisgeben. Vielleicht war er aber auch nur eifersüchtig auf den Ruhm der Tochter. Glücklicherweise wurden nicht alle Exemplare zerstört.[17]

In diesem Werk und seiner archaischen Ausdrucksweise kommt etwas sehr Klares und Inspiriertes zum Vorschein. Neben ihrer Argumentation, wir seien das Gefäß, behauptet Mrs. Atwood, die „Urmaterie" – die Materie, mit der wir operieren – läge im Bereich unserer Imagination. Es sei unser Astralkörper (so meinte auch Paracelsus), der gereinigt werden müsse, um sich auf die Stufe des Herzens und des Göttlichen erheben zu können. Der „manuelle" Prozeß, über den dies geschehe, hänge mit (der damals gerade entdeckten) Hypnose zusammen. Wenn auch noch unausgegoren, eröffnet sie damit einen völlig neuen Ansatz, wie wir dauerhaft Zugang zum Bereich unserer Imagination bekommen, damit der Prozeß stattfinden kann – denn genau davon spricht Mrs. Atwood. Und eben dieser Frage ist auch der Hauptteil dieses Buches gewidmet.

Dabei müssen wir uns anstrengen, mit dem Physikalischen in Berührung zu bleiben. Denn so mystisch und auf das Innere bezogen Alchimie auch sein mag – wie ihre Geschichte im Überfluß belegt –, handelt es sich doch um einen *physikalischen* Mystizismus. Dieser einzigartigen Qualität sollten wir uns stets bewußt sein, um auf dem Boden der Realität zu bleiben.

☿

Mit Beginn des zwanzigsten Jahrhunderts traten drei alchimistische Zweige in Erscheinung, wie Äste in einem Flußbett, und ein vierter, den dieses Buch ebenfalls behandeln wird. Die *traditionelle Alchimie* wurde weiterhin praktiziert:

von Quacksalbern wie dem Amerikaner Edward Pinter und dem berüchtigten Franz Tausend[18] sowie von seriöseren Anhängern wie Abdul-Muhyi, einem Araber auf Englandbesuch; Archibald Cockren, der 1940 *Alchemy Rediscovered and Restored* schrieb und als studierter Wissenschaftler für sich beanspruchte, den Prozeß, wie er ihn verstand, realisiert zu haben, und in Frankreich Armand Barbault, dessen *Gold of a Thousand Mornings* (1934) darlegt, wie ihm bei seiner Arbeit mit organischer Materie die Destillation von „vegetabilem Gold“ als universellem Allheilmittel gelang. Sowohl Cockren als auch Barbault ging es um einen produktiven Beitrag zur Medizin. Sie knüpften damit an Paracelsus an und öffneten die Tür für ihre Nachfolger.[19]

Der zweite Zweig setzt die Tradition der *mystischen Alchimie* fort. Parallel zum College of Psychic Studies wurde 1887 in London der „Orden der Goldenen Dämmerung“ gegründet, über den bald viele Geschichten kursierten. Unter seinen Mitgliedern befanden sich Mac-Gregor Mathers ebenso wie Aleister Crowley und der spätere Nobelpreisträger W.B. Yeats aus Irland. Ziel des Ordens war es, ein esoterisches Ausbildungssystem zu schaffen, das aus mehreren Stufen bestand, die der Novize durchlaufen mußte: Kabbala, Tarot, Astrologie – außerdem diverse, den Freimaurern entlehnte Rituale. Bei der Alchimie lag der Schwerpunkt auf ihrem für die rituelle und imaginative Arbeit adaptierten Symbolismus und dem Gebrauch ihrer Sprache. Der Pfad des Wissens selbst wurde als „das Große Werk“ oder „das Werk“ bekannt. Die „Goldene Dämmerung“ trug zweifellos dazu bei, daß die Alchimie ein wichtiger Referenzpunkt blieb und die alchimistische Sprache stärker ins allgemeine Bewußtsein drang. Das durch sie systematisierte und zugänglich gemachte Material lieferte wertvolle Informationen für viele esoterische Bücher.

Auch das Werk G.I. Gurdjieffs († 1949) trägt alchimistische Züge. Er umschrieb ihr Wesen mit Begriffen wie inneres Erwachen und innere Transformation, hielt Geist und Körper für miteinander verbundene Teile ein und desselben Systems und interpretierte die natürlichen Funktionen des Körpers auf dieser Grundlage. Er wird von seinem Mitarbeiter und Vertrauten P.D. Ouspensky zitiert:

> *All diese Alchimie ist in uns, nicht außerhalb ...*
> *In der inneren Alchimie des Menschen werden*
> *höhere Substanzen aus rohen Materialien gewonnen,*
> *die sonst in ihrem Rohzustand verbleiben würden.*[20]

Was den dritten Zweig, die *psychologische Alchimie*, betrifft, so müssen wir das Wasser genauer betrachten ...

C.G. JUNG

C.G. Jung trug zu einer Wiederbelebung der Alchimie bei, indem er sie auf die Psychologie anwendete. Er erklärte sie zum Fundament seiner archetypischen Psychologie, und auch alle, die in seine Fußstapfen traten – darunter Marie Louise von Franz und in jüngster Zeit James Hillman –, unterstützten ihre Bedeutung. Bei Jung begegnen wir dem Psychologen-als-Alchimisten, der unser Verständnis der Kunst nachhaltig bereichert.

Jung fielen gewisse Parallelen auf zwischen den Motiven alchimistischer Gemälde und jenen der Träume seiner Patienten. Diese korrelierten oft mit persönlichen Krisen oder Veränderungen, ohne daß die Träumer sich der Inhalte bewußt gewesen wären. Das veranlaßte Jung ab 1920 zur Durchführung intensiver Studien, die auf das Lesen und Entschlüsseln zusammengetragener alter Texte konzentriert waren.

In seiner Autobiographie *Erinnerungen, Träume, Gedanken* erzählt er einen eigenen Traum:

Bevor ich die Alchimie entdeckte, hatte ich eine Reihe von Träumen mit immer gleichem Inhalt. Neben meinem Haus befand sich ein zweites Haus, oder besser gesagt ein Flügel oder Anbau, der mir fremd war, und ich wunderte mich jedesmal, wieso ich ihn nicht kannte, obwohl er doch scheinbar immer dagewesen war. Dann eines Nachts träumte ich, daß ich den Flügel betrat. Ich entdeckte dort eine wunderbare Bibliothek, die vor allem Werke aus dem sechzehnten und siebzehnten Jahrhundert enthielt. An den Wänden standen schwere, in Schweinshaut gebundene Wälzer – darunter einige, die mit seltsamen Kupfergravierungen und Illustrationen merkwürdiger, nie gesehener Symbole ausgeschmückt waren. Damals wußte ich nicht, was sie bedeuteten; erst sehr viel später erkannte ich sie als alchimistische Symbole. In dem Traum war ich mir nur der Faszination bewußt, die von ihnen und der ganzen Bibliothek ausging.[21]

Diese Faszination fand in seinem monumentalen Werk *Psychologie und Alchemie* (1944) ihren Niederschlag. Darin führt er an, Alchimie sei nicht eigentlich ein chemischer Prozeß, sondern einer, der die Psyche betrifft. Wie Jung glaubte, projizierten oder sahen die Alchimisten ihr eigenes Unterbewußtes. Was bedeutete, daß ihre individuellen Prozesse mit dem Gesamtprozeß des Werks untrennbar verwoben waren – eine außerordentlich wichtige Erkenntnis, die gwissermaßen „beweist", was Mrs. Atwood intuitiv geahnt hatte. Jung sagt:

Das alchimistische Opus befaßt sich in erster Linie nicht nur mit dem konkreten chemischen Experiment, sondern mit etwas, das einem psychischen Prozeß ähnelt, der in pseudochemischer Sprache ausgedrückt wird.[22]

Daraus zieht er als Schlußfolgerung:

> *Ich neige daher zu der Annahme, daß die wahre Wurzel der Alchimie weniger in philosophischen Doktrinen als vielmehr in den Projektionen individueller Forscher zu suchen ist. Damit meine ich, daß der Operator, während er seine chemischen Experimente durchführte, bestimmte psychische Erfahrungen machte, die er für Vorgänge des chemischen Prozesses hielt. Da es sich um eine Projektion handelte, war er sich der Tatsache, daß seine Erfahrung nichts mit der Materie selbst (das heißt, mit der Materie, wie wir sie heute kennen) zu tun hatte, natürlich nicht bewußt. Für ihn war seine Projektion eine Eigenschaft der Materie, dabei meldete sich in Wirklichkeit sein Unterbewußtes zu Wort.*[23]

Und wenige Seiten später fügt er hinzu:

> *Es sollte nun hinreichend klar sein, daß die Alchimie seit ihren frühesten Anfängen zwei Gesichter hatte: auf der einen Seite die chemische Praxis im Labor, auf der anderen ein psychologischer Prozeß, der zum Teil bewußt psychisch, zum Teil unbewußt projiziert und in den diversen Transformationen der Materie wahrgenommen wurde.*[24]

Jung wurde von F. Sherwood-Taylor und Titus Burckhardt kritisiert, er habe seine Studie nicht ausreichend auf die tatsächliche Geschichte gestützt und die *auch* chemische Natur des Prozesses nicht genug berücksichtigt. Mag sein, dafür gelang es Jung jedoch, anders als den meisten, Alchimie von *innen heraus* zu erfahren. Seine Lebensumstände ermöglichten ihm das nicht nur, sondern zwangen ihn regelrecht dazu: Sein sieben Jahre dauernder Zusammenbruch, die Beziehung zu seiner *soror mystica*, Toni Wolf, die ihn in die Abgründe seiner eigenen Psyche führte, und sein Konzept vom „kollektiven Unbewußten" machten seine Perspektive einzigartig und realitätsnah. Folglich ist seine Ansicht, Alchimie löse in unserer Psyche eine „Individuation" aus – eine Reise von der Wurzel zur Ganzheit –, zutiefst alchimistisch und stimmt mit dem überein, wonach die Alchimie immer strebte. Das Geschenk seiner Arbeit trägt dazu bei, daß wir heute in der Lage sind, dies zu erkennen. Wenn er auch nicht näher darauf eingeht, wie die Materie selbst verwandelt werden kann, so geht er doch weit genug: so weit, wie wir bisher gekommen sind. Der Kreis schließt sich.

☿

Und was nun? Unsere Kontinuität mit der Materie und der Energie verstehen wir jetzt, und so stoßen wir an eine weitere Schwelle. Alchimie ist die Triebfeder für die Bemühungen der alternativen Medizin,[25] für hintergründige Interpretationen der Astrologie[26] und zunehmend auch für ein Bewußtsein der Künstler, daß ihre Werke, über die rein ästhetische Dimension hinaus, der Initiation dienen können. In *The Morning of the Magicians* erörtert der eingangs zitierte Jacques Bergier im Dialog mit einem „Unbekannten" (höchstwahrscheinlich Fulcanelli), worin die Schwelle genau besteht.[27]

> *Trotzdem sage ich dir: Du bist dir bewußt, daß in der heutigen offiziellen Wissenschaft die Rolle des Beobachters immer mehr Bedeutung erlangt. Die Relativität, das Prinzip der Indeterminität, zeigt, wie sehr der Beobachter heutzutage bei allen Phänomenen interveniert. Das Geheimnis der Alchimie lautet: Es gibt eine Methode zur Manipulation von Materie und Energie, um das zu kreieren, was moderne Wissen-*

schaftler als „Kraftfeld" bezeichnen. Dieses Kraftfeld wirkt auf den Beobachter und bringt ihn in eine privilegierte Position vis-à-vis dem Universum. Von dieser Position aus genießt er Zugang zu den Realitäten, die uns normalerweise durch Zeit und Raum, Materie und Energie verborgen bleiben. Das meinen wir mit dem „Großen Werk".[28]

Und so werden wir offen für eine tiefere Erkenntnis; nämlich, daß Alchimie nicht nur ein Prozeß ist, den wir finden, sondern einer, *der uns findet* – im tiefsten Fluß und der reichsten Erfahrung unseres Lebens.

Auf diese Erkenntnis werde ich nun näher eingehen, während wir uns auf den Einstieg in den Prozeß selbst vorbereiten.

Es mag mitunter nützlich sein, zu diesem Kapitel zurückzukehren, um Ihre Erinnerung oder Ihr Bewußtsein aufzufrischen und die Dinge im globalen Kontext zu sehen. Generell empfehle ich jedoch, daß Sie die allgemeine Alchimie und ihre komplexe Geschichte hinter sich lassen und sich auf Ihre eigene Geschichte und Ihr eigenes Bewußtsein besinnen. Die folgende Meditationsübung hilft Ihnen dabei:

Lassen Sie diese Worte jetzt los, und gönnen Sie sich eine Pause, damit Ihr Geist ruhig wird. Verbinden Sie sich mit Ihrem Gefühl, wenn Sie nun zu sich zurückkehren.

Atmen Sie, und lassen Sie zu, daß Ihre Atmung tiefer wird. Während Sie atmen, spüren Sie, wie die eingeatmete Luft vom Kopf nach unten, immer tiefer in Ihren Körper hineinströmt.

Während Sie zulassen, daß Ihr Atem immer tiefer in Ihren Körper strömt, spüren Sie, wie eine Leere entsteht – versuchen Sie, zu der Stelle zu gehen, wo diese Leere entsteht.

Was fühlen Sie hier? Wie empfinden Sie die Energie in Ihrem Körper?

Machen Sie sich bewußt: Das ist Ihre rezeptive Stelle. Und versuchen Sie, von dieser Stelle Bilder oder Botschaften zu empfangen.

Was will Ihnen die Stelle zeigen? Haben Sie eine Ahnung, was Sie von Ihnen braucht? (Sie können sie auch fragen: „Was brauchst du von mir?")

Kommen Sie zurück, wann immer Sie bereit sind. Machen Sie eine Zeichnung von dem Bild, das Sie gesehen haben, und notieren Sie kurz Ihre Erlebnisse.

Kreativität setzt Rezeptions- oder Aufnahmebereitschaft voraus, und darum müssen wir diese Eigenschaft und ihre Beeinträchtigungen verstehen.

Wieviel Rezeption lassen Sie zu? Und wie können Sie sie steigern?

Denken Sie einen Moment über diese Frage nach, bevor wir mit der Präparation auf das Werk fortfahren.

KAPITEL 3

DIE PRÄPARATION

V.I.T.R.I.O.L.: Visita interiora terrae; rectifiando invenies occultem lapidem *(Besuche das Innere der Erde; durch Reinigung wirst du den verborgenen Stein finden).*

VALENTINUS

Jede innere Arbeit beginnt mit dem Schatten. In ihm hat jeder psychologische und spirituelle Pfad seinen Ursprung.

LLEWELYN VAUGHAN-LEE

☿

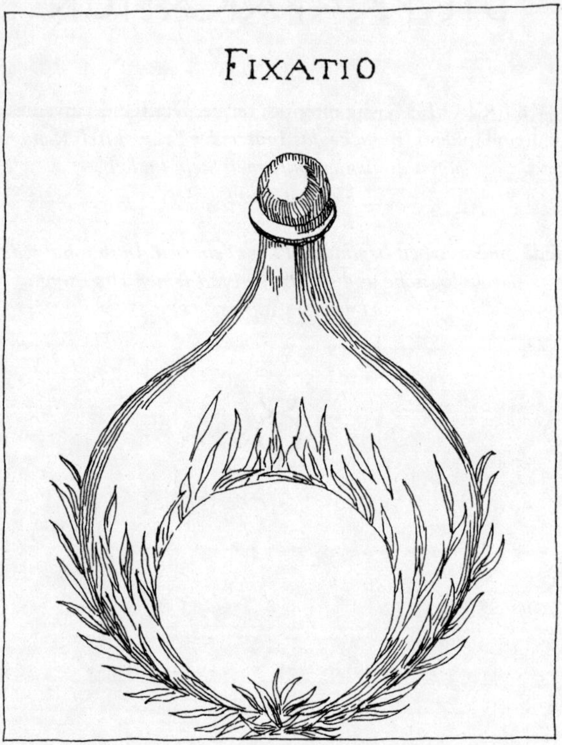
FIXATIO

☿

DIE PRÄPARATION

Ein Kolben im Schatten, innerhalb der inneren Konturen unserer Haut.

Die Präparation des Prozesses dreht sich um die Erde und das Feuer: die „Urmaterie“ (*prima materia*), ein Synonym für Erde, und das „erste Agens“, eine andere Bezeichnung für Feuer. In beiden Fällen führt uns die Vorbereitung tiefer in uns selbst hinein – in eine Tiefe der Erde, die auch der Körper als Behältnis oder Gefäß darstellt, und „in das Feuer“, das ebenso die Konzentration unseres inneren Selbst verkörpert.

Die ersten Schritte gehen also *nach unten* und *nach innen*, und sie involvieren drei Prozesse, die wir nacheinander betrachten werden. Doch zunächst ein paar Worte zum richtigen Prozeßablauf. Die Alchimisten meinen, der beste Zeitpunkt, den Prozeß zu beginnen, sei das Frühjahr – speziell in den Sternbildern Widder (März und April), aber auch Stier und Zwilling: Zeichen, die Feuer, Erde und Geist (Luft) beinhalten. Wenn Sie wollen, können Sie einen Astrologen konsultieren, welches Element bei Ihnen momentan gerade dominiert – vor allem, welche temporären oder konstanten Einflüsse bei Ihnen vorherrschen.

Kommen wir also zum ersten Schritt.

DIE REISE ZUR INNEREN MINE

Die Präparation beginnt mit der Suche nach der *prima materia*, nach dem zu transformierenden Material. Die Alchimisten haben diese Suche mit der Reise zu einer Mine verglichen – die Mine als dunkler Ort unter der Erdoberfläche.

Hier ruht die Urmaterie.

Was können wir über die *prima materia* sagen? Daß sie sehr weit unten liegt, das physikalischste und mysteriöseste Ding ist, das es gibt – tiefer als Worte, Konzepte oder Ideen. Sie wurde mit verschiedenen Namen bedacht (unter anderem „Meer", „Saat der Dinge" und „Urfeuchte")[1] und läßt sich nicht eindeutig definieren – in jedem Fall aber existiert sie auf zwei Ebenen.

Auf der tiefsten und reinsten Ebene ist sie der ursprüngliche Grund, der Urzustand – ein Zustand, tiefer als das Chaos, der als „Mutter allen Seins" bezeichnet wurde. Sie ist die Handvoll schwarzer Erde, die Adam der Erzählung nach aus dem Paradies mitbrachte. Sie ist der Ursprung aller Dinge – in ihrer Substanz wähnen die Alchimisten das Göttliche – und sie ist extrem fruchtbar. Eximindus beschreibt sie als „eine primäre, immerwährende und unendliche Natur, die alles kocht und beherrscht."[2]

Sie wurde auch als *radix ipsius* (Wurzel in sich selbst) bezeichnet, von nichts und niemandem abhängig. Mit Silber, dem femininen Prinzip, assoziiert, schuf man für sie das Bild des reinen Quells – als Ursprung von Mercurius und der Quecksilberenergie, die für alle Stadien des Prozesses unabdingbar ist.

Darüber hinaus nennt man sie den „verborgenen Stein" – jenen Stein, der sich durch den Prozeß in den Stein der Weisen verwandelt und andere Stoffe transformieren kann.

Übertragen auf unseren Bezugsrahmen, empfiehlt sich die Bezeichnung der *prima materia* als „Grund der Seele". Von hier aus können wir sie inviduell auf einer Ebene erfahren, die näher an der Oberfläche und an uns dran ist.

Die *prima materia* ist ihrem Wesen nach passiv, nicht aktiv. Wie ein Spiegel ist sie reine Rezeption. In uns selbst präsentiert sie sich indes weniger rein, was die Metapher von der Reise zur Mine, um „das rohe Subjekt zu bergen", bereits suggeriert.[3]

Der Rohstoff ist das Rohmaterial in uns – unser eigener verborgener Stein. Ihn müssen wir bergen, von ihm, „der Materie in unserer Hand", Besitz ergreifen. Wir können uns die Rohmaterie als unser Unterbewußtes vorstellen, zu dem unser Bewußtsein hinabsteigen muß, um zu fühlen und zu erleben, statt zu denken und zu kontrollieren. Ihre Verunreinigungen sind unser „Ballast". Knoten, Komplexe, Blockaden, Widerstände – allesamt Schlackenprodukte unserer Psyche, unseres Lebens und Leidens. Und dieser Ballast wiegt immer schwerer, wird unser Blei, unser Schwermetall, von dem wir uns oft emotional und physisch bedrückt fühlen.

Und doch brauchen wir sie. Wir müssen die *prima materia* finden oder aber zulassen, daß sie uns findet.

Machen Sie folgende Übung:

Sitzen Sie ein paar Momente still da. Versuchen Sie, sich zu erinnern, was Sie zum Kauf dieses Buches inspiriert hat. Wo waren Sie damals? Was geschah mit Ihnen und um Sie herum?

Was fühlen Sie angesichts dieser Geschehnisse? Verbinden Sie sich mit diesem Gefühl, und folgen Sie ihm, wie es vom Kopf in Ihren Körper wandert. Schließen Sie dabei die Augen.

Folgen Sie dem Gefühl auf dem Weg nach unten; beobachten Sie, wo es hin will. Vertrauen Sie sich ihm an. Wohin führt es Sie?

Oder, falls Sie nicht weiterkommen, wohin möchte es Sie führen? Vergessen Sie nicht: Sie können es fragen.

Wo befinden Sie sich? Betrachten Sie den Boden unter Ihren Füßen. Spüren – oder fühlen – Sie, wo Sie stehen.

Was liegt vor Ihnen? Nehmen Sie sich einen Moment Zeit, um zu sehen , was es ist. Versuchen Sie dann, etwas davon zu greifen und in die Hand zu nehmen.

Danach treten Sie die Reise zurück ins Tageslicht an. Wenn Sie bereit sind, öffnen Sie die Augen, und notieren Sie, was Sie gefunden haben.

Sie sind nun bereit für den zweiten Teil der Präparation.

DIE REINIGUNG DES SUBJEKTS

Der Initiation geht meist eine Form der Reinigung (Purifikation) voraus, und das „Subjekt" sind in diesem Fall wir: Sie und ich. Ziel ist es, das Subjekt von Schmutz und Gekrätz zu befreien – sozusagen unseren „Mist" loszuwerden. Jene Dinge, die sich uns in den Weg stellen, die wirkliche Änderungen verhindern, weil sie *gegen* statt mit uns arbeiten. Das können sowohl unser Ego oder die Maske, die wir

vor uns hertragen, sein, als auch mangelnde Stärke und Willenskraft. Oder die Unfähigkeit zur Konzentration, die uns immer wieder ablenkt und an der Oberfläche festhält.

Der Prozeß ist zu keinem Zeitpunkt einfach – er erfordert im Gegenteil unsere ganze Kraft und Zuwendung. Doch je mehr wir geben, desto mehr bekommen wir zurück.

Dieser Prozeß, auch das betonen viele Alchimisten, kann nur mit Gottes Hilfe durchgeführt und vollendet werden. Anders ausgedrückt: mit Etwas, das höher ist als wir selbst. Die *Mappae Clavicula*, ein englischer Text aus dem zwölften Jahrhundert, empfiehlt:

Gebete sollst du rezitieren, während der Operation oder der nachfolgenden Fusion, damit das Gold sich formet.[4]

Es muß sich nicht um ein klassisches Gebet handeln: Sie können hier durchaus kreativ sein. Denn worauf es ankommt, ist der innere Zustand, der durch die Geste der Öffnung, das Gebet, gefördert wird. Nicht nur der Kopf, auch unser Herz wird offen.

Halten Sie einen Moment inne, um über Ihre Erfahrungen mit dem Beten nachzudenken. Haben Sie eine Idee, wie Ihr Gebet aussehen könnte?

Spüren Sie, womit es Sie verbinden würde? Wohin es Sie in Ihrem Selbst führen?

Nehmen Sie sich ein paar Minuten Zeit. Es ist eine gute Idee, auch hier Ihre Erfahrungen schriftlich festzuhalten – egal, ob es sich um Worte oder Bilder handelt.

Die Macht des Gebets besteht darin, daß es uns weich macht, harmonisiert – auch hier eine Parallele zur Idee der Rezeptionsfähigkeit. Hieraus ergibt sich der zweite, aktivere Aspekt der Reinigung. Gemeint ist die Verpflichtung – die Verpflichtung, einen gefällten Entschluß auch tatsächlich umzusetzen. Natürlich geht es hier um keine lapidare Entscheidung – etwa ob man ins Kino geht oder einen Spaziergang macht –, sondern um wesentlich mehr. Und es geht um eine Entscheidung, die wir allein treffen müssen. Einen Trost gibt es: Die Tragweite der Entscheidung verhält sich proportional zu ihrem Zweck, und Entscheidungen zu treffen setzt immer Energie frei. Sobald wir uns entschieden haben, kommen die Dinge ins Rollen, werden schneller und beginnen zu fließen.

Verpflichtung hängt hier also mit der Energie zusammen, die man spürt, wenn man JA sagt – wenn ein Pfad sich zur Allee öffnet.

Stellen Sie sich vor, Sie sagen „ja“.
Welche Beziehung haben Sie zu diesem Wort?
Und welchen Effekt hat die Aussage auf Sie?

Dieser Aspekt bezieht sich auch auf die Eigenschaften, die wir brauchen, um den Prozeß bis zum Ende durchzuziehen. Die Alchimisten mahnen uns, geduldig und auf Anfechtungen, die uns auf unserer Reise unweigerlich erwarten, gefaßt zu sein. Wir benötigen alle unsere Energien und unseren Humor für die Reise – und wir müssen auf jedes Selbstmitleid verzichten.

Was wir mehr als alles andere brauchen, ist Konzentration. Die Gefahr ist groß, innerlich ablaufende Prozesse für selbstverständlich zu halten und auf die leichte Schulter zu nehmen. Wir sagen: „Oh ja, es läuft gut“ – und dann patzen wir. Ein Zwischenfall, eine zufällige Ablenkung reißt uns heraus, und wir haben Mühe, die Verbindung wieder herzustellen. Wie Thomas Norton, zweifellos aus eigener Erfahrung, feststellte:

Unser Denken und Fühlen muß in Einklang mit dem Werk sein. Und das Werk muß Vorrang vor allem anderen haben.[5]

Wir preparieren nun einen Kolben – den Behälter, der wir selbst sind. Wir berühren ihn jedesmal, wenn wir zur Ruhe kommen und erkennen, was wir für uns und *in* uns behalten wollen. Wir erkennen ihn immer dann, wenn wir das Bedürfnis nach Raum haben – den Wunsch, einen Moment oder auch einige Tage allein zu sein. Die Wände des Kolbens sind anfangs fragil, wie die Umkränzung einer Seifenblase. Wir müssen sie festigen, stabilisieren, und hierbei hilft uns der dritte der drei Prozesse, die ich erwähnte.

DIE PRÄPARATION DES GEHEIMEN FEUERS

Das Geheime Feuer oder „erste Agens" – der erste Aktivfaktor, das erste für das Zustandekommen des Prozesses notwendige Element – wird auch als *Ignis Innaturalis* bezeichnet. Mit anderen Worten: Es handelt sich um kein gewöhnliches Feuer im wörtlichen Sinne. Vielmehr wird es so beschrieben:

Trockenes Wasser, das die Hände nicht näßt,
ein Feuer, das ohne Flamme brennt ...

Dieses verborgene Feuer ist eine innere Hitze, eine unsichtbare Energie, die die Materie erhalten hilft. Auf uns bezogen, ist sie die Energie oder das Feuer, das wir ansammeln und aufstauen, indem wir uns unter Verschluß halten, nicht „auslaufen".

Dieses „unnatürliche Feuer" erfordert sehr viel Disziplin. Seine Andersartigkeit läßt sich mit einem weiteren Schlüsselsatz der Alchimie ausdrücken: „Die Natur kann die Natur überwinden."

Das Geheime Feuer muß wie ein Geschmack erworben werden – präpariert, vorbereitet, kreiert. Sein Geheimnis ist der Willensakt, den wir jedesmal leisten, wenn wir uns beispielsweise entscheiden, zur Arbeit zu gehen. Die Natur, die wir überwinden, sind alle Faktoren, die uns von der Realisierung der Entscheidung abhalten wollen.

Demnach ist dieses Feuer, das uns *in uns* hineinholt, ein Feuer der Meditation und der Kontemplation, wörtlich: ein „trockenes Wasser" und „ein Feuer, das ohne Flamme brennt". Wir können es uns auch als Hitze, die durch die Hände des Heilers strömt, vorstellen. Es handelt sich sowohl um eine im Körper wohnende Energie als auch um eine geistige Verfassung. Meditation und Kontemplation sind die aktiven Ingredenzien in diesem Prozeß: Sie bringen uns zum zentralen Teil unseres Selbst und fördern die Entstehung einer tieferen Energie, die das Feuer ist.

Nehmen Sie sich einen Moment Zeit, um mit dem Gefühl des Feuers, der Feurigkeit in Ihnen Verbindung aufzunehmen.

Wo in Ihrem Körper fühlen Sie das Feuer? Betrachten Sie es genau. Wie sieht es aus? Was empfinden Sie ihm gegenüber? Was müssen Sie tun, damit es stärker wird? Fragen Sie es.

Meditation und Kontemplation – aktives Öffnen, Nachdenken und Reflektieren – sind Voraussetzungen für jede kreative Arbeit. Ohne sie ist es kaum möglich, in den alchimistischen Prozeß einzusteigen – und sie helfen uns auf jeder Etappe der mühsamen Reise. Sie begleiten uns dorthin, wohin wir jetzt gehen müssen: in den Kolben selbst, den die Alchimisten „den geschlossenen Körper des Hauses" nennen. Sie helfen uns, Ruhe zu finden, zentriert und konzentriert zu sein, unser inneres Gleichgewicht zurückzuerlangen, wann immer wir es verlieren. Sie befreien uns von allem, was wir von außen mitschleppen, beruhigen uns von innen heraus, laden unsere Batterien auf. Sie geben uns das Gefühl für unsere Form und unser Gewicht zurück, für unsere Konturen und die Linien unserer Haut.

Begeben wir uns also nach innen, gehen wir den nächsten Schritt.

Sitzen Sie ruhig da, entspannen Sie sich, und spüren Sie Ihre Atmung.

Spüren Sie Ihre Füße auf dem Boden und Ihren Körper auf dem Stuhl, oder wo auch immer Sie sitzen. Schließen Sie die Augen.

Atmen Sie wieder nach unten in Ihren Körper hinein. Spüren Sie, wie Ihre Atmung dabei tief wird. Konzentrieren Sie sich nun auf die Wahrnehmung des Kolbens, Ihres Körpers.

Wie empfinden Sie ihn? Wie stellt er sich Ihnen dar?

Woraus ist er gemacht? Textur, Farbe, Eigenschaften?

Verstehen Sie, was Ihr Kolben Ihnen mitteilen will?

Falls Sie Probleme haben, fragen Sie ihn, was er von Ihnen braucht.

Sind Sie in ihm oder außerhalb? Wie können Sie hineinkommen?

Was geschieht drinnen im Kolben? Verweilen Sie dort.

Was empfinden Sie im Innern des Kolbens? Machen Sie sich Ihre Gefühle bewußt. Wie können Sie sich mit dem Raum im Kolbeninnern verbinden?

Halten Sie die Augen noch geschlossen, während Sie sich in Ihrem Innern zu den Konturen Ihrer Haut begeben. Ihr Bauch, Ihre Arme, Ihre Oberschenkel, Ihre Füße, Ihre Brust, Ihr Hals und Ihr Kopf … neh-

men Sie den Raum in Ihrem Körper ganz bewußt wahr.

Machen Sie eine Zeichnung von Ihrem Kolben, um ihn zu verankern, und schreiben Sie ein paar Sätze zu dem Erlebten nieder.

Und dann *Deo volente* – der willige Gott. Möge das Werk beginnen.

KAPITEL 4

DAS GERINGERE WERK:

NIGREDO

Es gibt in der Chemie eine gewisse edle Substanz, die anfangs erbärmlich wie Essig ist und am Ende voll Erhabenheit und Freude strahlt. Ich nahm darum an, dasselbe werde mir widerfahren, nämlich daß ich erst größte Schwierigkeiten, Kummer, Erschöpfung erlebe, aber am Ende schönere, leichtere Dinge erblicken darf.

MICHAEL MAIER

Jawohl, meine Augen sind vor deinem Licht verschlossen.
Ich bin ein Tier, ein Neger. Aber ich kann gerettet werden.

ARTHUR RIMBAUD, SEASON IN HELL

Der Grund der Seele ist dunkel.

JAMES HILLMAN

☿

NIGREDO

Ein Anflug von Winternebel mitten im Sommer.
Raben kreisen über das karge,
brachliegende Feld.

„In der Mitte des Lebens kündigt sich der Tod an".

Alchimie beginnt, wie ihre Etymologie nahelegt, in der Dunkelheit. Diese haben wir bereits mit der *prima materia* kennengelernt – doch jetzt geht sie weiter, viel weiter und tiefer in die Nacht hinein, eine dunkle Nacht. Die schwarze, fruchtbare Erde der *prima materia*, die auch als Antimon sowie als *nigrum nigrius nigro* („ein Schwarz, schwärzer als schwarz") bekannt ist, ist hier an einen vollständigen Niedergang des Intellekts geknüpft. *Nigredo* – das erste Stadium des Geringeren Werks. Der Niedergang, das Absterben des Intellekts wirft uns auf das Innere unseres Körpers zurück, zum physikalischen Ursprung unseres Seins. Wie die Alchimisten sagen: „Ohne Zerstörung nichts Neues."

Oder anders ausgedrückt: keine Geburt bzw. Wiedergeburt ohne den Tod. Zuerst kommt der Tod.

Hauptbestandteile der *nigredo* sind Schwärzung und Reinigung, weshalb sie auch *calcinatio* („verbrennen") und *mortificatio* („töten") genannt wird. Im Mittelpunkt steht der Tod des Alten Königs bzw. des durch ihn versinnbildlichten Egos *(siehe S. 36)*. Die *nigredo* geschieht unter Saturneinfluß, der, wie Sie sich erinnern, für die frühen Alchimisten der von der Sonne am weitesten entfernte Planet war. Ihm wird das Blei als Metall zugeordnet – die *nigredo*

ist das Blei. Ferner wird er mit Intellekt und Denken sowie mit Form und Struktur assoziiert.

Wir werden also Zeuge, wie der Intellekt stirbt, an jenem Ort, der von der Sonne am weitesten entfernt ist – weit weg vom Licht und wohl auch fern jeder Hoffnung, wie die provokante Zeichnung des Königs vermuten läßt. Der König, der in der Legende „König Gold" heißt, wird von einer Gruppe Alchimisten in Mönchskutten umzingelt, die ihre Knüppel bereits zum Schlag erhoben haben.

Andere alchimistische Symbole der *nigredo* sind unter anderem der *caput mortum*[1] („toter Kopf"), der grüne Löwe – als Bild für die subversive, instinktive Kraft der Natur –, der die Sonne des Egos verschluckt, Raben, die Todesvögel, die sich über eine Wüste voll menschlicher Skelette hermachen sowie Särge und Sarkophage. Es riecht nach Zerfall, Auflösung, Fäulnis – eine Parallele zu den realen Vorgängen im Kolben. Das wichtigste Einzelsymbol ist die *sol niger* – eine schwarze Sonne, die über einer leblosen Landschaft scheint. Wir können es als Untergang der Sonne auslegen, des Lichts in uns, das gleichzeitig unser Bewußtsein ist.

Das Bewußtsein macht Platz für das Unterbewußte, das wir nicht sehen (es ist schwarz), geschweige denn kontrollieren können. Auch der König scheint ahnungslos über das, was da auf ihn „herunterzufahren" droht *(siehe Abbildung S. 68)*.

In diesem ersten Stadium gibt man die Urmaterie und das erste Agens gemeinsam in „einen Mörser aus Achat". Die *prima materia* wird zu Pulver zerstoßen, mit dem ersten Agens vermischt, „mit Tau benetzt" und zu einem Teig gerollt.

Verstehen Sie diesen Vorgang bitte sowohl metaphorisch als auch wörtlich, während Sie ihn sich in Gedanken vorstellen.

Der „Kompost" wird sodann in ein versiegeltes Gefäß (den Kolben) oder das „Ei der Weisen" gefüllt. Das Ei der Weisen ist ein Symbol für Bewußtsein und Geburt.

Dieses Ei wird im Kolben längere Zeit bei konstanter Temperatur gehalten – körperwarm wie bei einer Henne, die ihre Eier ausbrütet, oder wie frischer Pferdekot. Später werden wir die Wärmezufuhr steigern, doch am Anfang darf die Hitze unter und im Kolben auf keinen Fall zu hoch sein – oder „die Arbeit ist verloren". Mit anderen Worten: Ton oder Glas des Kolbens werden zerplatzen. (Das ist unzählige Male passiert, worauf der Prozeß neu begonnen werden mußte.)

Der Kolben, das Feuer und sein Inhalt sind nun an ihrem Platz.

In der Zwischenzeit bahnt sich eine interessante Begegnung an: Bühne frei für Sol und Luna.

Junge trifft Mädchen, Mann trifft Frau, Bruder trifft Schwester (oder umgekehrt) – und potentielle Königin trifft potentiellen König. Ihre Begegnung ist der rote Faden, der sich durch den gesamten Prozeß zieht. Ihre Geschichte: die Realisation von Liebe.

Eine Liebe, die alles andere als gewöhnlich ist. Zum einen existiert sie auf zwei Ebenen: äußerlich als Beziehung zwischen dem Alchimisten und seiner *soror mystica*, seiner Begleiterin oder Assistentin (bei Frauen übernimmt der „geheime Bruder" die Rolle); innerlich in bezug auf Sol und Luna (Schwefel und Quecksilber), die das archetypische männliche und weibliche Prinzip repräsentieren.

Die *soror mystica* kann äußerlich als andere Person oder innerlich als Teil von uns selbst existieren. Mit ihrer ersten Geste gemahnt sie zum Schweigen: Sie hebt den Zeigefinger an die Lippen. Eine Aufforderung zur Verschwiegenheit und eine Einladung, *nicht zu sprechen, sondern zu fühlen*, die für alle Stadien des alchimistischen Prozesses gilt. Diese Geste bezieht sich auf die für den Prozeß benötigte Abgeschlossenheit, das Verweilen im Innern des Kolbens.

Sie – oder er – ist nicht unbedingt Ehefrau (Ehemann) oder Geliebte (Geliebter), obwohl sie bzw. er beides sein könnte. Sie – oder er – existiert auf einer anderen Ebene. Der Name *soror mystica* läßt Rückschlüsse auf die Beziehung zwischen Sol und Luna zu. Egal ob die „mystische Schwester" äußerlich oder innerlich existiert, darf diese Beziehung in jedem Fall als höchst ungewöhnlich und brisant bezeichnet werden, weil sie an das Tabu des Inzests rührt, vielleicht nicht wörtlich, aber doch vom Gefühl her – und darauf kommt es an. Die *soror mystica* ist ein Wesen, das uns vertraut ist wie kein anderes – womöglich gar ein Teil von uns selbst. Mit diesem Gefühl müssen wir uns hier verbinden.

Wenn Sol und Luna sich treffen, passiert das Unvermeidliche: die Verschmelzung im Liebesakt, die alchimistisch gesehen sogar zwingend ist. Ein häufiges Motiv zeigt die beiden mit gekrönten Häuptern beim Liebesakt im Wasser (*siehe Abbildung auf der nächsten Seite*). Wie es im *Rosarium* heißt:

> *Aus zwei Wassern eines machen. Wenn Sie meinen Hinweis verstehen, spielt sich der ganze Vorgang unter Ihren Füßen ab.*[2]

Und ein ähnlicher Text ergänzt:

> *Sonne und Mond müssen wie Mann und Frau miteinander verkehren, sonst kann das Objekt unserer Kunst nicht entstehen. Alle anderen Lehren sind falsch und irreführend.*[3]

Sämtliche Facetten der beiden kommen bei der Verschmelzung ins Spiel: Mann und Frau, Bruder und Schwester, Mutter und Sohn, Vater und Tochter. Die Alchimisten nennen den Prozeß *coniunctio*, die „Vereinigung von Gegenpolen". Ein Prozeß, der für Sexualität und Penetration steht und daher auch als *coitus* ebenso wie als „Öffnung der Matrix", sowohl beim Mann als auch bei der Frau, bezeichnet wird. Zügellos und lustvoll, statt geordnet und keusch, besteht seine Funktion darin, *den Körper zu öffnen*, wie es die Penetration tut. Das Resultat ist Körperlichkeit pur. Deshalb sprechen die Alchimisten auch vom „Groben Werk" als unmittelbare Vorstufe zum „Geringeren Werk", in dem wir uns jetzt befinden. Egal wie wir den *coitus* in diesem Stadium verstehen oder erleben – was zählt, ist seine Undifferenziertheit. Er ist unbewußt, unverstellt – oder mit anderen Worten: ungereinigt und unpräpariert.

Und er führt nicht zu dem Ergebnis, das wir vielleicht vermuten, obwohl er, was Vision und Potential angeht, dem Beginn einer Beziehung exakt entspricht. In ihm deutet sich uns an, was *sein könnte* – und was auf einer anderen Ebene *bereits ist*. Dem Liebesakt, der Schmerz und regressive

CONIVNCTIO SIVE
Coitus.

Traumen aus den Abgründen der Kindheit und des ursprünglichen Seins heraufbeschwört, entspringt eine Vision der androgynen Hermaphrodite, die gleichzeitig Mann und Frau, Frau und Mann ist, die Gegenpole in sich vereint. Aus der schwangeren Situation wird der Jüngling Mercurius geboren – ein völlig neuartiges Wesen, zugleich unschuldig und erfahren, frei und ganz. Meist mit Flügeln und zwei Äskulapstäben, um die sich je eine Schlage windet, abgebildet, besitzt er einen männlichen Körper und eine weibliche Seele. Wir können ihn uns aber auch als weiblichen Körper mit männlicher Seele vorstellen.

Er wird als fleischgewordene oder heimliche Seite Gottes bzw. des Göttlichen beschrieben, die sich, jugendlich und frisch, zwischen Licht und Schatten bewegt, beide umfängt. Er taucht stets als Dritter im Bunde mit Sol und Luna auf – als dominanter Einfluß, ähnlich der großen Dame Alchymia

selbst, und auch als ihr Produkt oder Kind. Er hält den Schlüssel zu ihrer Androgynie in der Hand. Im gesamten Prozeß agiert er als Analogieprinzip, das ein Ding mit dem anderen verbindet (Stein mit Tinktur, mit Rotem König und Weißer Königin).

☿

Zurück zu Sol und Luna. Sie treffen sich, lieben sich, und dann geschieht etwas Unfaßbares. Gemeinsam betreten sie das goldene Feld, worauf dieses schwarz zu werden beginnt. Von gold auf schwarz.

Wir kommen zurück zum Kolben, dem Ei der Weisen, das Sol und Luna, maskulines und feminines Prinzip, Schwefel und Quecksilber enthält. Hier beginnt ihre Reaktion, ihr Kampf, während gleichzeitig die *nigredo* einsetzt. Flamel schildert die Szene so:

> *Nachdem beide in das „Gefäß“ des Grabes gegeben wurden, beginnen sie, sich wie wild zu beißen, und ob ihres Giftes und ihrer Raserei lassen sie nicht voneinander ab – es sei denn, die Kälte zwingt sie dazu –, bis sie aufgrund des tropfenden Giftes und der tödlichen Verwundungen vollends mit Blut überströmt sind. Am Ende töten sie einander und ertrinken in ihrem eigenen Gift, das sie nach ihrem Tod in lebendiges, ewiges Wasser verwandeln wird, nachdem sie durch Zerfall und Zersetzung ihre ersten natürlichen Formen verloren haben, um eine einzige, neue, bessere und edlere Form anzunehmen …*[4]

Wir haben es also mit der Umkehrung der *coniunctio* zu tun, die jedoch nach wie vor implizit sein kann, während die Schattenseite eruptiert. Sol und Luna sind entzweit, unversöhnlich, polarisiert und vollkommen unfähig, einander zu sehen. Eine stürmische Inversion hat stattgefunden, womit alles Erotische zwischen ihnen nun auf den Tod zielt und gleichzeitig alles, was mit dem Tod zu tun hat, bewußt oder nicht, auf Geburt ausgerichtet ist. Doch im Eifer des Gefechts und von primitiven Emotionen verblendet sehen sie dies nicht. Sie sind schwarzes Feuer. Manchmal werden sie als Löwe und Löwin dargestellt, die sich im Kampf verhakt haben, manchmal als Kontrahenten mit erhobenen Lanzen – Sol auf einem Drachen, Luna auf einem Greifvogel.

Diese drakonischen Bilder beschreiben auch, wie das Basismetall Blei, unter Ächzen und Blubbern, durch Säure zersetzt, wie die *materia* ihrer ursprünglichen Form beraubt wird.

Während Sol und Luna zornig toben und dabei ihre Unreinheit entblößen, werden sie gereinigt. Das Gleiche gilt für das Basismetall in uns. Es muß aufgelöst, seine originäre Form muß zerstört werden, bevor es verwandelt werden kann.

Das also passiert, während die Schwärze immer stärker um sich greift. Einige Alchimisten haben sie als schwarze, undurchdringliche Wolke beschrieben, die den Kolben allmählich zu füllen beginnt – wie Staub oder Bodensatz, der aufgeschüttelt wurde.

Am Ende „sterben" Sol und Luna, und ihr Tod führt wie ein postcoitales Versinken zu Trennung und einem langen Prozeß des Verfalls, während die Schwärze dicker und schwerer wird, langsamer ..., bis der Kolbeninhalt fault und stinkt und in eine Lösung übergeht, die tiefer ist als jede Form, jedes Bild, ja tiefer selbst als Gedanken. Das ist die Flüssigkeit *nigredo*, die *nigrum nigrius nigro*:

Diese Dunkelheit, dunkler als Dunkelheit.
Dieses schwärzeste Schwarz.

Wir befinden uns jetzt auf einer Ebene der unbekannten Schwärze. Auf einer Ebene formloser Ursprünglichkeit, einer Dunkelheit, die allein das Sterben kennt. Es herrscht totale Sonnenfinsternis. Unser Intellekt ist von uns gewichen.

In der Realität dauert diese Schwärze, obwohl wir sie in Sekunden ahnen können, mindestens mehrere Monate – vielleicht sogar länger.

Dann endlich – alle Hoffnung scheint längst verloren – wird, wie es heißt, „ein Glitzern auf der Oberfläche sichtbar". Die dann einsetzende Verdampfung erzeugt eine „metallische, volatile Feuchtigkeit" und läßt Asche zurück – eine kostbare Asche, aus der nun Mercurius der Weise ersteht. Wieder begegnet uns Mercurius, aber diesmal in der Tiefe und nicht als Produkt der Vereinigung von Gegenpolen, sondern ihrer Zerstörung. Es handelt sich um eine Geburt ganz anderer Art – die Ruhe nach dem Sturm, die nach einer langen Nacht der Depression und Verzweiflung und nach der von Sol und Luna schon vor ihrer Trennung eingeleiteten Loslösung einsetzt.

Besinnen Sie sich einen Moment, und entwickeln Sie ein Gefühl für diese Asche. Wie fühlt sie sich an? Wie ist sie beschaffen?

In der *nigredo* wandelt sich Festigkeit (das Basismetall) in Flüssigkeit (die flüssige Schwärze) und dann in Asche (das Residuum). Entscheidend ist, laut Burckhardt, „die Befreiung der Seele von Koagulation und Paralyse" – mit anderen Worten: die Befreiung der Seele von der Unterdrückung durch Ego und Intellekt. Im Haus des für seine Präzision bekannten Saturns wird die Form der Seele verbrannt und geschmolzen, damit sie, wie er sagt, „in ihren ursprünglichen unkonditionierten Zustand zurückkehrt". Auf eine Stufe also, die der Konditionierung – der uns allen wohlbekannten Modellierung unserer Persönlichkeit – vorausgeht. Die Asche enthält demnach die Seele.

An dieser Stelle möchte ich eine Übung vorschlagen, die Sie die *nigredo* in Ihrem Innern spüren läßt. Sie sollten diese Übung in einem abgedunkelten Raum ausführen.

Setzen Sie sich bequem hin, und versuchen Sie, alles bisher Gelesene eine Weile zu vergessen. Wenn Sie das Gefühl haben, in sich selbst zu ruhen, schließen Sie die Augen.

Schlüpfen Sie wieder in das Kolbeninnere, indem Sie sich vorstellen, wie die Sonne oder das Licht von Ihrem Kopf aus nach unten sinken und im Verschwinden immer dunkler werden. Sie können sich aber auch schon in der Dunkelheit befinden.

Werden Sie sich der Eigenschaften und des Gefühls der Dunkelheit bewußt. Werden Sie sich bewußt, was Ihr Herz fühlt. Und werden Sie sich Ihres Körpers bewußt. Was fühlt er?

Versuchen Sie nun, sich mit einer Situation zu verbinden, in der eine Dunkelheit über Ihr Leben herein-

brach – in der Sie mit Tod, Auflösung oder Zerfall konfrontiert waren. Diese kann schon länger zurückliegen oder gerade im Moment passieren.

Wo waren oder sind Sie? Was geschah mit Ihnen und um Sie herum?

Versuchen Sie, sich die Situation vor Augen zu rufen. Erlauben Sie Ihren Erinnerungen, Sie zu finden.

Wie fühlen Sie sie in Ihrem Körper? Wie in Ihrem Herzen? Und wie in Ihrem Kopf? Gehen Sie langsam vor.

Seien Sie, während Sie sich mit der Situation verbinden, offen für Bilder, die Sie empfangen. Vertrauen Sie allem, was kommt.

Halten Sie einen Moment inne, um Ihr Bild ganz deutlich vor Ihrem geistigen Auge zu sehen und zu überlegen, was es Ihnen über die damalige oder heutige Situation mitteilen will.

Wenn Sie bereit sind, kehren Sie zurück und malen Ihr Bild. Verwenden Sie alle Farben, die Sie brauchen, um ihm Substanz zu geben, damit es sich verankern kann. Machen Sie Notizen zu dem Erlebten.

Bevor Sie weiterlesen, sollten Sie eingehend über Ihre Erfahrung bei dieser Übung nachdenken und diese vielleicht sogar mit einem vertrauten Menschen teilen. Machen Sie sich Ihre Bedürfnisse bewußt, besonders jene in und im Zusammenhang mit Ihrem Körper. Egal ob Sie allein oder zu zweit arbeiten, schlage ich auf jeden Fall eine Pause vor, bevor Sie die Lektüre des Kapitels fortsetzen.

☿

Die *nigredo* ist eine unmittelbare, Ego-erschütternde Erfahrung, besonders beim ersten Mal. Und sie kann Furcht zurücklassen – Furcht, das Werk fortzusetzen. Diese Furcht und Hemmschwelle sind jedem Alchimisten wohlbekannt, und viele sagen, der Anfang des Werks sei am schwierigsten, ja sogar gefährlich. Hier treten die meisten Fehler und Konzentrationsschwächen auf. Die *nigredo* ist eine mächtige Kraft. C.G. Jung sagt:

> *Angst und Widerstände, die jeden normalen Menschen überkommen, wenn er zu tief in sein Innerstes taucht, sind nichts anderes als die Furcht vor der Fahrt zur Hölle. Wenn er denn nur Widerstände spürte, wäre es nicht so schlimm. Tatsächlich aber übt das psychische Substrat, das dunkle Reich des Unbewußten, eine faszinierende Anziehungskraft auf ihn aus, die um so mächtiger zu werden droht, je tiefer er eindringt. Die psychologische Gefahr, die sich hieraus ergibt, ist die Auflösung der Persönlichkeit in ihre funktionellen Komponenten, die separaten Funktionen des Bewußtseins, der Komplexe, Erbfaktoren usw.*[5]

Unsere Widerstände sind verständlich, trotzdem können wir uns nicht wehren. Wir haben keine andere Wahl. Bei den meisten Menschen mit *nigredo*-Erfahrung dominierte das Gefühl, „machtlos" zu sein, wie wir es auch gegenüber dem Einfluß von Saturn sind. So sehr wir uns auch bemühen, ihm zu entfliehen – es ist, als zöge eine unsichtbare Kraft uns wieder hinein, wie jeder, der eine astrologische „Saturn-Wiederkehr" (erstmals nach 28 bis 30 Jahren)[6] bereits erlebt hat, bestätigen wird. Saturn ist ein gestrenger Zuchtmeister, gründlich und unnachgiebig. Er wird unterstützt von Pluto, der die Tiefe durchforstet. Saturn und Pluto sind zwar unterschiedlich, doch ihre Einflüsse ergänzen sich. Ihr Ziel: *das Ego in den Kolben zu bringen* und seine vielen unterschiedlichen Persönlichkeitsstränge auseinanderzufädeln bzw. aufzulösen.

Am Anfang sträuben wir uns. Wir wollen es gar nicht so genau wissen. Unsere Ablehnung äußert sich oft als handfeste Verärgerung („Sowieso alles Quatsch!“). Nach der Ablehnung oder Leugnung folgt meist ein Gefühl von Ersticken und eruptierendem Gift, gepaart mit Melancholie, Trauer, Bitterkeit – Emotionen, die uns in ihrer Heftigkeit oft überraschen. Im *Rosarium* heißt es, in der *nigredo* werde „das Gehirn schwarz“. Wir beginnen, alles in einem schwarzen Licht zu sehen. Es ist, als trete unser Schattenteil, den wir meist für böse und kleinlich halten, an die Stelle unseres Selbst. Ich sage „meist“, weil der Schatten auch positiv sein kann – das sollten Sie nie vergessen. Für jene, die meinen, sie seien nur Licht, kann der Schatten als Korrektiv wirken. Das Sprichwort stimmt: „Wo viel Licht ist, ist viel Schatten“ – vor allem, wenn wir uns dessen nicht bewußt sind. Auch das ist Plutos Reich.

Diese Reaktionen haben alle mit dem Alten König in uns zu tun, der seinen Thron verteidigen und regieren will. Hier ist die Personifizierung des Egos maskulin, es könnte sich aber ebenso um eine Alte Königin handeln, eine stolze, herrschsüchtige alte Dame. In jedem Fall müssen wir diesen Teil von uns loswerden. Warum? *Weil er unsere Seele behindert.*

Am Ende gibt das Ego nach, wenn auch fast immer widerwillig. Seine Selbstschutzstrategien sind zahlreich, vielfältig und langwierig. Ihre Wurzel bildet unsere angeborene Furcht vor Unsicherheit, vor dem, was wir nicht kennen. Und es fehlt uns immer an Zutrauen. In diesem Stadium versinken wir regelrecht in Depression, als Zeichen, daß der Niedergang tatsächlich stattfindet. Wir werden schier erdrückt von einem Gefühl der Schwere und des Kummers (das Blei). Das kann dazu führen, daß wir „schlappmachen“, unsere physische Kraft und Vitalität verlieren. Diese Erfahrung, die uns an den Abgrund bringt, hält uns *in* uns. Und dann – ein entscheidender Moment –, ist es, als „gäbe es keinen Weg mehr nach draußen, sondern nur nach innen". Das ist der Beginn der Akzeptanz.

Wir begeben uns also nach innen – an den Ort des Zusammenbruchs. Das Unbewußte ist dunkel wie die *prima materia*, aber auch hell: Es birgt Schätze, aber auch Gefahren. Kein angenehmer Ort. Hier lauert alles, was wir unterdrückt haben bzw. noch unterdrücken, um nicht den Verstand zu verlieren. Gefährlich wird es, wenn diese Dinge nicht unter Verschluß sind. In diesem Fall existiert auch kein Kolben. Dann wird der Prozeß nach außen projiziert – etwa als Mord oder Selbstmord. Auch der „Bleiwahn" ist ein bekanntes Phänomen, das mit einem Eindruck des Vergiftetseins oder der Graugesichtigkeit einhergehen kann.

Höchstwahrscheinlich wurden die Alchimisten, wie Johannes Fabricius vermutet,[7] in ihren Laborkammern wegen der giftigen Substanzen, mit denen sie hantierten, von Wahnvorstellungen heimgesucht. Auf das Innere bezogen, können wir das jedoch auch als positiv werten und der Welt der Träume und der Imagination zuordnen. Marie Louise von Franz über die Art der Träume, die in der *nigredo* häufig auftreten:

> *Gerade diese Träume sind so unschätzbar wertvoll; sie haben eine unnahbare, abstoßende Schale aus deprimierender Schwärze, doch dahinter leuchtet das Licht des Unbewußten. Oft findet man in den deprimierenden Motiven des Traums das Licht; und natürlich findet man es auch in den Schattenimpulsen, die voller Bedeutung sind, sofern man fähig ist, sie mit Liebe zu erforschen – und mit einer Einstellung, die das Paradoxe akzeptiert.*[8]

Ein kluger Rat. Sie sollten die Assoziationen, die Sie während der letzten Übung hatten, auch unter diesem Aspekt betrachten.

Die *nigredo* kann auch mit dem Tod von Illusionen zusammenhängen – dem Tod dessen, was nicht oder *noch nicht* real ist. Dieser ist meist sehr schmerzvoll, speziell was Partnerschaften angeht. Wie es ein Sitzungsteilnehmer ausdrückte: „Wir mußten uns trennen, um uns auf die Suche nach einer Lösung zu machen." Als er die Bedeutung seiner Aussage begriff, huschte ein Hauch von einem Lächeln über sein Gesicht. Der Tod der Illusion ist ein einsames Geschäft, aber wie alles wirklich Wichtige im Leben müssen wir auch dies allein meistern, um wahre Stärke zu finden. Und das passiert oft kurz bevor wir verzweifelt aufgeben wollen. Den Satz von Ruth White werde ich niemals vergessen: „Je schlimmer das Negative, desto tiefer die Entwicklung."

Dem Anschein nach trennt uns die *nigredo* von allem Licht, das wir je gesehen haben, doch dafür führt sie uns auf eine tiefere Stufe in uns selbst, wo dieses Licht wieder leuchten kann – ob sich dies in unserem bisher ungeerdeten Körper abspielt, in unserer Partnerschaft, in bezug auf unsere Selbstbestimmtheit, ob als Individuum, Eltern oder als Institution.

Die *nigredo* ist eben nicht nur Schmerz und Dunkelheit, obwohl es einem oft so vorkommt (und wie!). Hier tut Akzeptanz not, damit wir die Initiation erkennen, die sie repräsentiert. Am wichtigsten ist, daß wir erkennen, *wohin wir hinabgezogen werden* – die Asche, die Seele. Dann lernen wir, durch diese Seele zu sehen und zu verstehen.

☿

Wenn Sie Ihr *nigredo*-Erlebnis rekapitulieren, schlage ich vor, daß Sie sich folgende Fragen stellen: „Wozu?", „Wohin sollte (oder soll) ich hinabgezogen werden?" Vergessen Sie nicht, daß Ihre Träume, die Sie hatten oder haben, während Sie mit diesem Buch arbeiten, wertvolle Anhaltspunkte bieten.

☿

Kollektiv begegnet uns die *nigredo*, mehr als jedes andere Stadium des Prozesses, heute überall in der Welt. Wohin wir auch blicken – ein „Globales Nigredo". Der Alte König (oder die Königin) kleidet sich in verschiedene Gewänder. Ob Politiker oder Militärdespot, Guru oder Institution – sie alle enthüllen ihren *eigenen* Schatten, ihren Mißbrauch der Macht.

Besonders deutlich ist die *nigredo* im Kapitalismus, jener Gier nach materiellem Gold, die die Kluft zwischen Arm und Reich auf unserem Planeten immer tiefer aufreißt. Die Welt, wie wir sie kennen, befindet sich emotionell, ökologisch und spirituell in der Krise. Überall sehen wir die Auswirkungen der *mortificatio*, die *putrefactio* in den Gesichtern und ausgemergelten Körpern der Obdachlosen und Hungernden. Wie es der Poet Norman Jope, ein *nigredo*-Eingeweihter, formuliert, haben die „Pocken in Roseland" Einzug gehalten *(siehe sein Gedicht auf S. 83)*.[9]

Das Problem und die weitreichende Tragik bei alledem ist, daß *es unbewußt geschieht* – und je nachdem, wie wir es bewerten und darauf reagieren, wird es sich ständig selbst erneuern, oder es wird (und das muß es, wenn wir überleben wollen) einen „Durchbruch" geben. Dieser kündigt sich bereits zaghaft an, doch wir dürfen ihn nicht für selbstverständlich nehmen, denn er fordert jeden von uns – in jeder Beziehung.

Das alchimistische Prinzip der individuellen Verwandlung ist daher für uns heute von zwingender Relevanz – für uns alle, denn es gibt keine „wenigen Auserwählten" mehr.

Wir müssen den Mut aufbringen, anders zu sterben – wir selbst und unser emotionales Ego. Wir müssen die Asche finden, um „durchbrechen" zu können.

Wir müssen in die *solutio* eintreten.

Die Pocken in Roseland

Der Klatschmohn sprießt, die Wespen werden
zahlreicher.
Weizenfelder verlieren ihre Grenzen.
Die Häuser reifen.
Papierfetzen wehn über bepflanzte
Schlammquadrate,
ihr bißchen Hirn zerschellt an polierten
Gartenzäunen.
Während die Datsuns, Vauxhalls, Fords,
Toyotas, Ladas, Audis
in die Auffahrwege knirschen. Schlüssel drehn sich,
zu loben:
den Kuß im Küchenkleid, das Dinner light
und die Nacht der
Seifenopern. Ein Lastzug knattert über tönernen
Grund. Der einzige Pub im Dorf hallt
wider vom Protzen
über Renditen und Essen in Pappkartons.
Der Klatschmohn
winkt. Die Wespen täuschen Honigwaben vor.
Die Bienen
platzen schier vor Pollen –
fettleibig, asthmatisch –
und sie summen schwer. Ein Kreis schwillt an
im reifenden Mais, weiter hinten im Feld,
den keiner sieht. Der Schatten der Rollwagen
auf dem Drive-in Sainsbury's sagt –
Mene, Mene ... Und er erzählt ihr,
es ist vorbei, daß die Zahlen nicht stimmen
und die Chaostheorie die Wirtschaft killt.
Hinter seinen Wänden trinkt der Klatschmohn
Wespenstacheln, träumt den Tod in grellem Violett.

NORMAN JOPE

KAPITEL 5

DAS GERINGERE WERK:

SOLUTIO

Geh hin zu der Frau, die ihre Laken wäscht, und mache es wie sie.
ATALANTA FUGIENS

Wenn du den unreinen Körper nicht reinigst und ihn nicht weiß machst und ihm seine Seele nicht zurückgibst, hast du in diesem magischen Werk nichts vollbracht.
ROSARIUM PHILOSOPHORUM

Welche Weißheit kannst du dieser Weißheit hinzufügen, welche Aufrichtigkeit?
EZRA POUND, *THE CANTOS (LXXX)*

Das Herz weiß zu machen ist ein opus contra naturam. *Wir erwarten, daß das Herz rot ist wie sein natürliches Blut, grün wie sein hoffnungsvolles Verlangen …*
JAMES HILLMAN, *THOUGHT OF THE HEART*

☿

LV NA

☿

SOLUTIO

Die durchscheinende Haut des Nachthimmels –
dein erhobenes Gesicht, deine Augen. Reiner Dunst
von lichten Wolken schwebt vor dem Mond …

Die *solutio* ist in jeder Beziehung die Fortsetzung der *nigredo* – so sehr, daß die beiden Stadien im Grunde zwei Seiten derselben Medaille sind, die wir uns nebeneinander vorstellen. Ähnlich, wie sich das schwarze und das weiße Feld im Yin-Yang-Symbol spiegeln und verbinden:

In der *solutio* erreichen wir eine Weißheit jenseits der Schwärze: Wir kommen von der Emotion zum Gefühl, vom Solarplexus zum Herzen. Emotion und Gefühl werden häufig verwechselt – die *solutio* macht den Unterschied deutlich. Unter Emotion fällt alles, dessen wir in der *nigredo* Zeuge wurden, während das Gefühl eine ganz andere Qualität hat: weicher, empfänglicher, freier und klarer – unsere

Verbindung zum Geist. Richtig verstanden, verkörpert die Emotion aber auch den Brennstoff, aus dem nach der Reinigung das Gefühl entstehen kann. Den Niedergang des Intellekts in der *nigredo* hinter uns lassend, bewegen wir uns in der *solutio* wieder nach oben – zum Herzen.

Die *solutio* bringt uns auf den alchimistischen Leitsatz *solve et coagula*, „auflösen und neu formen", was hier in diesem Zusammenhang „reinigen und neu formen" oder „neu verbinden" bedeutet.

Im Mittelpunkt der *solutio* steht die Weißung; daher wird sie auch als *ablutio* („Waschung"), *baptisma* („Taufe", hier mit Feuer und Wasser vollzogen) und *albedo* mit der Assoziation „albino" bezeichnet. Sie hängt speziell mit der Seele – der tieferen Stufe in uns, die das Gefühl ist – und mit dem Geist – der höheren, über den Intellekt hinausreichenden Stufe – zusammen. Luna und das feminine Prinzip kommen in ihr als transformierende Kraft zum Zuge.

Solutio bedeutet also das Reinigen oder Aufweichen der Seele, nachdem sie, wie in der *nigredo* gesehen, von der Ego-Schale befreit wurde. Als Stadium wird sie als erstes mit Jupiter und als zweites mit dem Mond assoziiert. Jupiter und Saturn sind absolute Gegensätze. Beim Saturn ist alles Enge und Fessel, Jupiter hingegen befreit uns, entläßt uns in die offene Weite – wie eine wohltuende Ausatmung. Der Mond, vor allem der Vollmond, komplettiert dieses Stadium als die silberne Weisheit selbst. Die lunaren Phasen verhalten sich analog zur *solutio*. Und so wie in der *nigredo* der Saturn Hilfe von Pluto bekommt, so schaltet sich hier Neptun ein, der Planet des Meeres und der Träume. Das sind die astrologischen Assoziationen. Wir befinden uns jetzt einen Schritt näher an der Sonne, und wir passieren dabei den Mond.

Symbole der *solutio* sind vor allem der König, der im Meer ertrinkend um Hilfe fleht oder schwitzend in einem Dampfbad sitzt, der Pelikan *(siehe Abbildung auf S. 89)*, benannt nach einer speziellen Retorte, dessen Flügel wie die Henkel eines Kruges aussehen und der hier – in seine eigene Brust pickend – die Verbindung zum Herzen thematisiert.

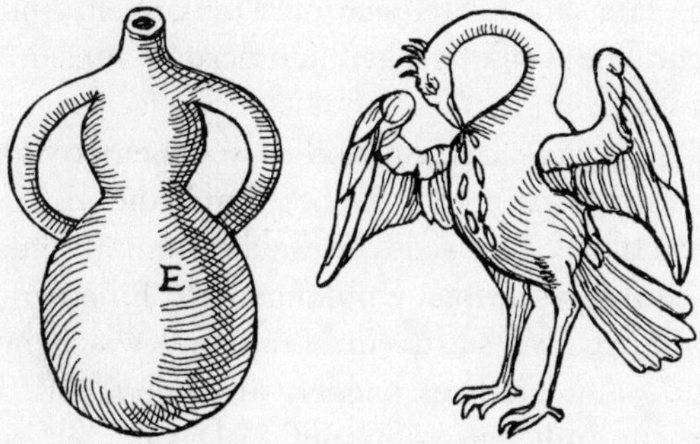

Daneben existieren noch eindeutigere Reinheitssymbole: das Einhorn, das mit der Stärke seines Horns den Geist symbolisiert und von dem es einst hieß, nur eine Jungfrau könne es fangen – Jungfrauen treffen wir auch im Zusammenhang mit Luna, als Sinnfiguren weiblicher Reinheit, nicht als Leugnung der Sexualität („Jungfrau" bezeichnete ursprünglich eine Frau, die „eins mit sich selbst war") –, dann das Mondei als Metapher für Wiedergeburt sowie die *Rosa Alba*, die Weiße Rose, als Knospe spiritualisierter Liebe. Neben Sol und Luna steckt als wichtigstes Bild hinter alledem das Ziel der *solutio*: die Herstellung des weißen Steins.

Der weiße Stein als Gegensatz zur schwarzen Sonne ist die Verfestigung des Lichts infolge wiederholter Destillation und Koagulation (*solve et coagula*) – eine reine, spirituelle Substanz und das Endprodukt des Geringeren Werks. Einige Alchimisten sahen in ihm gar das Ziel des *ganzen* Werks. Warum die anderen damit nicht zufrieden waren, werden wir später erfahren.

☿

Wir haben also die Asche am Ende der Nacht, den geschwärzten, toten Körper und die geschwärzte Masse im Kolben. Der Alchimist liegt erschöpft auf seinem Bett, und dann setzt draußen in der Dunkelheit leise sanfter Regen ein. Ganz langsam lichtet sich die Dunkelheit, und von innen taucht eine weiße Wolkendämmerung auf, die die Sonne verhängt …

Etwas steigt auf. Und im Kolben, nach einer Abkühlung, „fliegt dieses Prinzip (die Asche) durch die alchimistische Luft, im Mikrokosmos des Eies, den himmlischen, reinigenden Einfluß von oben empfangend."[1] Eine Aufwärtsbewegung findet also statt, eine Befreiung wie beim Ausatmen. Und dann „fällt es wieder, sublimiert, auf die Neue Erde, die am Ende entstehen muß."[2] Das deutet auf die *coagulatio* hin, das nächste Stadium. Noch werden wir Zeuge von wiederholtem Waschen, Erstarrenlassen und Wiederauflösen der Materie im Kolbeninnern, während die Wärmezufuhr langsam gesteigert wird – ein Prozeß des Erhitzens und Verdampfens, der der Sublimation (wörtlich: „aufsteigen") entspricht.

Die Sublimation ist das Kernthema hier – die Weißung, die im *Rosarium* als „die Weißheit, genannt Luft" angesprochen wird. Was die Waschung angeht, so ist das verwendete Wasser „das Wasser der Weisheit", das wir uns als Tränen denken.

Dieser Prozeß der Reinigung ist ebenso gründlich wie intensiv, je stärker die Hitze zunimmt. Die Materie wird bis aufs Mark geweißt – durch alle Schichten des *corpus* oder Körpers hindurch. Die Waschungen werden wiederholt, bis die Weißheit stark und klar zu werden beginnt – bis Weißheit dämmert, an diesem lunar geprägten Tag, der auch Nacht sein könnte. Diese Reinigung oder Purifikation des Körpers ist der erste Teil der *solutio*, und sie erfolgt im Kolbeninnern.

Der zweite Teil beinhaltet die Spiritualisierung des Körpers, für die der weiße Stein ebenfalls als Metapher steht und die sich auf uns selbst bezieht. Die Hitze wird erneut erhöht, bis infolge der wiederholten Destillation und Koagulation des Körpers oder Materials ein Residuum zurückbleibt – *der Stein*. Und während die Substanz des Steines allmählich sichtbar wird, geschieht etwas Erstaunliches, strahlend Schönes: Farben breiten sich aus, ein ganzes Spektrum, das der Weißheit vorausgeht. Man nennt dieses Schauspiel *cauda pavonis* oder Pfauenrad; ein Fächer schillernder Farben, der Ganzheit oder Heilung, eine Explosion der Schönheit in der Psyche, und darüber hinaus auch ein Wunder symbolisiert, denn die Spiritualisierung des Körpers ist ein Wunder.

Der weiße Stein ist die Weißheit oder Reinheit jenseits aller Farben oder Effekte. Jede Spur von Schwärze wurde getilgt, er ist Pulver und Form zugleich – keine bloße Phantasie, sondern physikalische Wirklichkeit, weshalb einige Alchimisten (darunter Flamel und Valentinus) ihn mit Christus gleichsetzten.[3] Der weiße Stein involviert eine echte Herzensöffnung, mit allen dazugehörigen Schmerzen; und aus ihr sprießt die Weiße Rose, die Blüte auf dem Stein, die transzendent, verdient und real ist: die Liebe.

Nachdem die Weißheit erreicht wurde, besitzt der Alchimist, so heißt es, genügend Stärke, um der Glut des Feuers zu widerstehen. Mit anderen Worten: Wir sind nun stark genug, um uns nicht leichtfertig hinreißen zu lassen, weder den Boden unter unseren Füßen noch unsere Mitte zu verlieren. Wir sind stark genug, die spirituelle Energie festzuhalten, ohne uns verführen oder zur Arroganz verleiten zu lassen. Jetzt wissen wir, warum die Reinigung tief und echt sein mußte.

Und von alledem bleibt am Ende ein weiteres kostbares Residuum zurück: „Aus dem Leib seiner Mutter und Schwester, Isis oder Quecksilber, erwacht der rote König“[4] – ein warmes, atmendes Bröckchen Erde, das Wiedergeburt und eine neue Art von Männlichkeit symbolisiert.

☿

Und Sol und Luna? Wie ergeht es ihnen in dieser Phase? Am Anfang sind sie und ihre Vision tot. Dann kommt der Regen und benetzt das Grab. Langsam findet ein Erwachen statt, der Regen heilt, macht weich – eines Morgens vielleicht, während sie gemeinsam im Bett aufwachen. Der Tag erwartet sie, und es gibt viel zu tun. Doch etwas ist anders: Sie sind nicht mehr dieselben, obwohl ihr Äußeres sich nicht verändert hat. Etwas ist jetzt möglich, das vorher unmöglich war: ihre eigene Weißung. Ihre Sexualität ruht eine Weile. Sie müssen jetzt Herzensarbeit leisten, wie der Pelikan indiziert – ihr Herz öffnen bzw. zu ihm zurückkehren. Das erfordert Zeit.

Bei alledem spielt Luna eine herausragende Rolle, mit ihrer Gabe zur Weichmachung, Kommunikation, zum Zuhören und vor allem zum Fühlen. Hier verbindet sie sich mit der *soror mystica* und darüber hinaus mit der großen Dame Alchymia selbst. Sol kümmert sich um den Prozeß der Auflösung und Luna, entsprechend ihrer weiblichen Qualitäten, um die Reinigung.

Dies läßt sich wieder auf Schwefel und Quecksilber übertragen. Am Anfang, in der *nigredo*, wehrt er sich gegen sie, und es kommt zum Kampf. Jetzt löst er sich in ihr und ihrem Element auf, sein Herz – sein Zorn – verflüchtigt sich in ihrer Kühle. Doch dahinter steckt mehr. Wenn wir den Schwefel mit maskulinem, abstraktem oder konzeptionellem Denken gleichsetzen, dann muß er sich „auflösen“, bevor er zu etwas Lebendigem werden kann – etwas mit Seele und Gefühl. Man könnte sagen: Der Mond überschattet die Sonne.

Ein Bild für die *solutio* sind Frauen, die Bettlaken waschen – eine primitive, einfache Arbeit, die uns widerstrebt. Sie beraubt uns unseres Schutzschilds. Und sie verbraucht viel Wasser.

Wasser und Feuer, im Wechsel eingesetzt, beeinflussen sich gegenseitig. Das Wasser wird feuriger, das Feuer wäßriger. Wir können dies in bezug auf Emotion und Gefühl verstehen. Die Verschmelzung wird intensiver.

Wenn Sol und Luna sich zum ersten Mal wieder näher begegnen, sind sie verändert. In dieser Phase werden sie manchmal auch als Vögel dargestellt, die wie in einem Kreis – wie „zwei in einem“ – miteinander verbunden sind. Alchimistisch gesehen, treffen sie sich bei Vollmond – und auch hier wird das *Rosarium* ziemlich deutlich:

Lege das Weibliche auf das Männliche, und
das Männliche wird in das Weibliche aufsteigen.[5]

Während sie sich lieben, liegt sie also oben, er unten, und von den zwei Vögeln ist *sie* derjenige, der Flügel hat. Dann wächst aus ihnen ein dritter Vogel – ein Schwan oder eine Taube. Der Schwan symbolisiert majestätische Weißheit, die Taube Geist und Seele, Wollust und Grazie in einer geheiligten Synthese. Auch hier begegnet uns Mercurius.

Die emphatische Darstellung im *Rosarium*:

Und so ist das Extrakt der beiden oben erwähnten
Körper Mercurius, frisch gewaschen und entblößt.
Ich schwöre bei Gott, kein anderer Mercurius
existiert so universell wie dieser; von ihm hängt die
ganze Philosophie ab. Wer anderes behauptet, lügt.[6]

Sol und Luna werden also wiedergeboren – sind jetzt sanfter und viel verletzlicher. Warum? Weil sie das Feuer kennen

und wissen: Was sie zusammenhält ist etwas Höheres, in das nur ein offenes Herz eindringen kann.

☿

Hier kommen wir zum wichtigsten Punkt der *solutio*: Ihre Seelenarbeit geht nach innen, wo wir nichts sehen, sondern nur fühlen können. Diese Reinigung gewährt uns die einmalige Chance, so Burckhardt, „die ursprüngliche Reinheit und Rezeptivität der Seele“ zurückzuerobern. Die Seele ist jetzt frei – *lebendig in unserem Körper* –, Seele und Geist können sich treffen …

Mit der folgenden Übung erkunden Sie die *solutio* für sich selbst. Sie sollten die Übung im Wasser ausführen.

Sitzen oder liegen Sie bequem. Nehmen Sie sich Zeit; atmen Sie bewußt, und gehen Sie in sich.

Denken Sie einige Minuten über Ihr Verhältnis zu Wasser nach. Welche Gedanken verbinden Sie mit ihm? Wie oft benutzen Sie es? Mögen Sie Wasser? Welche Gefühle vermittelt es Ihnen?

Dann schließen Sie die Augen, sofern noch nicht geschehen, und schlüpfen in Ihren Körper hinein – in Ihren Kolben.

Versuchen Sie, den Mond zu visualisieren. Machen Sie sich Ihre Vorstellung ganz bewußt. Welchen Eindruck haben Sie von ihm? Was empfinden Sie ihm gegenüber?

Wie wirkt sein Licht auf Sie und auf Ihre Augen?

Versuchen Sie nun, sich an eine Situation in Ihrem Leben zu erinnern, in der Sie Reinheit oder eine spezifische Form der Reinigung erlebten.

Wo waren Sie damals (Wo sind Sie heute)? Was geschah mit Ihnen und um Sie herum?

Wie fühlte es sich in Ihrem Körper an?

Wie berührte es Sie in Ihren Gefühlen oder in Ihrem Herzen?

Wie reagierte Ihr Verstand?

Nehmen Sie sich für jede Frage genügend Zeit, um eine innere Antwort in Ihrem Körper, im Kopf und im Herzen zu spüren.

Achten Sie nun auf Bilder, die Sie empfangen. Vertrauen Sie allem, was kommt – egal, wie seltsam oder merkwürdig es scheinen mag.

Warten Sie, bis Ihr Bild deutlicher wird. Dann überlegen Sie, was es Ihnen zeigen oder sagen will. Vergessen Sie nicht: Sie können es fragen, „Was versuchst du, mir zu zeigen oder zu sagen?“

Wenn Sie bereit sind, kehren Sie zurück. Machen Sie eine Zeichnung von Ihrem Bild und wenn möglich ein paar Notizen zu dem Erlebten.

Vergleichen Sie diese mit Ihrer *nigredo*-Erfahrung. Unterschiede? Gemeinsamkeiten? Legen Sie die beiden Zeichnungen nebeneinander. Wie sehen sie zusammen aus?

Rekapitulieren Sie Ihr Geringeres Werk bis hierhin. Wie fühlten Sie sich im Kolben? Wie sehr mit ihm verbunden? Und was braucht Ihr Kolben jetzt von Ihnen? Schließen Sie einen Moment die Augen, und fragen Sie ihn.

☿

Beschäftigen wir uns mit der Bedeutung hinter diesem Vorgang. Die *solutio* ist eine echte Aufforderung zur Reinheit, und sie vermag diesbezügliche Widerstände heraufzubeschwören. Sie erinnert uns, wie flüssig wir sind: Da wir zu 60 Prozent aus Wasser bestehen, sind wir keineswegs so hart oder fest, wie es zunächst scheint. Dies erleben wir in simpler Form immer, wenn es regnet und der Tag dadurch eine andere Nuance bekommt („ein weicher Tag" wird, wie die Iren sagen). Roger Evans, Mitbegründer des Londoner Instituts für Psychosynthese, erzählte bei einem Treffen, wie er einmal im Regen spazierenging und plötzlich völlig spontan beschloß, sein Hemd auszuziehen, und wie ungeheuerlich diese Erfahrung für ihn war. Eine *solutio*-Erfahrung.

Die *solutio* löst bestimmte Gefühle in uns aus – manchmal fühlen wir uns bis aufs Mark entblößt. In „Alchemical Solutions" vergleicht James Hillman Wasser und Tränen mit Salz:

> *Als alchimistisches Salz betrachtet, bekommt* gefühlte Erfahrung *eine radikal andere Bedeutung. Unsere tiefen Verletzungen sind dann keine bloßen Wunden mehr, die heilen müssen, sondern Salzminen, aus denen wir eine wertvolle Essenz bergen und ohne die die Seele nicht leben kann.*[7]

Der letzte Satz ist aufschlußreich. Er ermuntert uns, unsere Gefühle ernst zu nehmen und als Teil unserer Persönlichkeit zu achten – statt sie als kurzen Gewitterguß abzutun, der vom nächsten Sonnenstrahl weggefegt wird. Das hieße, der *solutio* aus dem Weg gehen, die, wie alle übrigen Stadien des Prozesses, einen eigenen Willen hat und einer eigenen Zielsetzung folgt.

Die Zielsetzung lautet, uns weich zu machen und mit dem Femininen in uns zu verbinden. Keine leichte Aufgabe, besonders nicht für Männer, die fürchten, dadurch an vermeintlicher Stärke zu verlieren. Dabei geht es hier gar nicht um Schwäche – obwohl wir uns womöglich eine Zeitlang schwach fühlen werden –, sondern allein um den Mut, rezeptiv zu sein, denn Offenheit und Empfängnisbereitschaft sind die Essenz jeder Beziehung. Wenn ich nichts fühlen und die Dinge um mich herum nicht zulassen kann, wie kann ich dann vernünftige Beziehungen aufbauen?

Wir brechen hier in unbekannte Gewässer auf, in die weite See, und das kann Gefühle von Ohnmacht und Hilflosigkeit erzeugen. Wir geben das Ruder, die Kontrolle aus der Hand, fühlen uns wie Schneeflocken seltsam in der Schwebe. Bilder von Nässe – Taufe, Fruchtwasser, Sperma, Brunnen, Bad, Fluß, Becken – tauchen auf.[8] Wir befinden uns auf einer nächtlichen Seefahrt, irgendwo zwischen zwei Orten, die wir nicht sehen können. Im Schlaf träumen wir – und hier im Reich des Neptun nehmen diese unterbewußten Botschaften eine um so bedeutendere Dimension an.

Solutio bedeutet Reinigung – ein schwieriger, dornenreicher Prozeß. Zunächst konfrontiert er uns mit Tränen und Schmerz, mit oft jahrelang aufgestautem Kummer. Er führt uns an wunde Punkte unseres Selbst, die Heilung und Zuwendung brauchen. Kein noch so großes Leid, keine Qual bleibt uns erspart, wenn das der einzige Weg ist, unsere Herzen zu öffnen.

Doch jede Krise bietet auch eine Chance. Und wenn die Hitze zunimmt, können wir das als Gelegenheit zur Expansion sehen: etwa um uns aktiv mit unserer Depression auseinanderzusetzen, statt ihr passives Opfer zu bleiben, wie es die *nigredo* häufig verlangt. In der *solutio* können wir den Absprung zum Handeln finden (eine Therapie beginnen), uns von der Vergangenheit loseisen. Und allmählich begreifen wir, wo wir stehen und warum das Leiden einen Sinn hatte.

In der *solutio verlieben* und *entlieben* wir uns gerne, doch fällt es oft schwer, zu unterscheiden, was Realität und was Traum ist, weil es nicht auf Gegenseitigkeit beruht oder (noch) nicht real ist. Marie-Louise von Franz tröstet:

> *Ein „sollte" existiert nicht. Ich glaube, eine echte spirituelle Erfahrung ... wird auch manifest.* Mythos *ist Erzählung, Sage. Wenn einen eine spirituelle Erfahrung überwältigt, dann möchte diese, daß man sie weitererzählt und somit manifestiert; das ist die Bedeutung des Wortes* Mythos. *Es gibt keine religiöse Erfahrung ohne die Notwendigkeit, diese weiterzugeben; das ist vollkommen natürlich, „sollte" muß man da nicht hinzufügen. Wenn es wahr ist, wird es auch real werden; sein natürlicher Fluß treibt es in die Realität.*[9]

Und das braucht, wie die Liebe, viel Zeit. Auch Gold will Zeit, und noch sehen wir es nicht. Doch mit dem „Weißwerden der Materie" und dem „Stärkerwerden des Feuers" dringen wir in subtilere Gefühls- und Bewußtseinsbereiche ein. Auch die Sexualität wird „gereinigt" – aus roher Begierde wird zärtliches *Liebe machen*. Die Purifikation führt dazu, daß wir die Menschen generell nicht mehr als Objekte, sondern jeden einzelnen als wandelnde Seele betrachten. Ein Unterschied, den Sie sofort bemerken.

Je besser wir den weißen Stein verstehen, desto mehr konzentrieren wir uns in einem noch höheren Sinne auf unseren eigenen Prozeß – statt ihn vollständig auf andere zu projizieren. Eine Teilnehmerin einer meiner Seminare[10] meinte nach Ausführung der Übung dieses Kapitels, all ihre „Freimütigkeit, Leere und reine Absicht" in sie hineingelegt zu haben. Eine andere sah ein außergewöhnliches Bild von einem weißen Vogel, der „sich am Bewegungsspiel der Luft ergötzte". Und eine dritte Teilnehmerin schrieb später über die Entdeckung ihrer Feminität (die sie veranlaßte, nun ihren vollen Namen, Catherine, zu benutzen, statt Katie):

Ich fühlte mich heiter und gelassen – expandiert,
als füllte ich meine Haut wieder aus, sei bereit,
aus ihr herauszuplatzen. Eine herrliche Spannung
als Gegenpol zur Gelassenheit.

Und ein Mann aus der Gruppe ergänzte: „Die Liebe sieht so klar, wie ich es nie könnte."

Damit wird der weiße Stein zum Prüfstein in uns selbst, der die Liebe der Macht in die *Macht der Liebe* verwandelt. Eine neue Qualität der Liebe, fern von Manipulation oder Zwang, – eine spirituellere Liebe, in der 100 Prozent mehr Gefühl und Lebendigkeit stecken. Jetzt verstehen wir, daß wir – unabhängig von einer bestimmten Person – hier sind, um zu lieben und lieben zu lernen.

Die Purifikation von Wasser und Feuer konfrontiert uns also mit einer Weißen Königin und einem Roten König, dessen „feurige, kalzinierte Erde" das Residuum ist. Eine neue Art von Mann und eine neue Art von Frau – und unsere Basis für etwas Echtes und Wahres. Während Sie Ihre *solutio*-Erfahrung rekapitulieren, sollten Sie sich folgende Fragen stellen: „ Wie rein sind meine Absichten?", „Wieviel Ehrlichkeit gestehe ich mir ein?", „Wie sehr fühle ich mich mit meinen Gefühlen verbunden?“ und „Was bedeutet Liebe für mich?“. Das ist die Alchimie hier. Meditieren Sie über diese Fragen; wenn Sie wollen, können Sie Ihre Gedanken auch einer gleichgesinnten Person mitteilen. Und wenn Sie jetzt hinausgehen, schauen Sie sich um, ob Sie einen weißen Stein finden …

☿

Kollektiv betrachtet, scheinen die Hinweise auf eine *solutio* in einer von Zeitungspapier geschwärzten Welt auf den ersten Blick rar, doch sie ist mitten unter uns, genauer unter jenen, die auf unterschiedliche Weise den Aufruf zur Reinigung hören und ihm folgen. Sie steckt in dem Gefühl, das wir in unsere Leben einfließen lassen, indem wir bereit sind, *fühlende* Leben zu führen – ob als Künstler oder Architekten, Ärzte oder Taxifahrer.

In einem fühlenden Leben sind innen und außen eins – „oben“ und „unten“ berühren sich. Die Dinge passieren nicht mehr nur *da draußen* – sie passieren auch *hier drinnen*. Diese Anteilnahme und Verpflichtung sehen wir bei jenen, die sich für ein religiöses Leben entschieden haben, und generell bei allen, die erkannt haben, daß unser Leben spirituell und die Liebe der Schlüssel dazu ist. Diese Einsicht setzt sich immer stärker durch – das muß sie auch –, wird Teil des Alltags, als eine Form der Kommunikation – mit uns selbst und mit anderen – außerhalb von Kirche und Institutionen. „Mein Herz ist meine Kirche, und ihr Dach ist der offene, unendliche Himmel.“

Solutio erstreckt sich auch auf den Körper, indem wir die Wichtigkeit von Gesundheit und Hygiene anerkennen, bewußt wählen, was wir essen und was *nicht*. Das Thema „Auflösung“ kann auch medizinisch konnotiert sein – ob als Blütentherapie, chinesische Kräuterheilkunde oder – ganz konkret – als Darmspülung zur inneren Reinigung.

Die Notwendigkeit der Purifikation besteht auf allen Ebenen: nicht nur in unseren Gedanken und Körpern, sondern quer durch unsere verschmutzte Welt. Wir sehen sie in unserem Wasser, das wir nicht mehr trinken können, in den umgekippten Flüssen und toten Meeren, auf denen Greenpeace-Aktivisten, Märtyrer und Kämpfer zugleich, patroullieren. Wir sehen sie in Chemieabfällen und hören sie in den Fetzen unserer verrohten Sprache. Wir hören sie auch im unaufhörlichen Alltagslärm, der Wind und Vogelgezwitscher übertont, uns nicht mehr klar denken und fühlen läßt.

Die *solutio* hat auch ihre Schattenseiten. Eine davon heißt spirituelle Arroganz (oder *superbia*,[11] wie die Griechen sagten): der Glaube, zu gut, klug oder erhaben für diese blinde und dumme Welt zu sein. *Solutio* kann mit Drogen- und/oder Medikamentenmißbrauch, mit Narzißmus und mit dem Gefangensein in einer (chemisch induzierten) Phantasiewelt verbunden sein. Was uns hier begegnet, ist das Wasser ohne das Feuer, ohne die Komplettierung des Stadiums, die dafür sorgt, daß wir nicht nur in die Klarheit, sondern auch wieder aus ihr *heraus* in die erdige Realität geführt werden. Das hebt den Roten König von dem „weichen Mann“[12] ab, den Robert Bly kritisierte. Beide sind nicht zu verwechseln.

Wenn wir uns zu lange im Mutterleib aufhalten, wird das Wasser früher oder später bitter – davor müssen wir in der *solutio* auf der Hut sein. Denn wir müssen wiedergeboren werden. *Aus dem Tod in die Liebe.*

Albedo Aubade

Herzensfeuer
erleuchtet
Augen die
den Mond treffen
mit einem Mond
der den Himmel
spiegelt
im Himmel

der Mondschein
möge die Sonne
entzünden

& die Jägerin
Flammen schlagen
aus jedem Haar
seiner Mähne

bis wir von
dem erleuchteten
Ozean in dem wir baden
die erste
Destillation
der Liebe
lernen

GLENN STORHAUG

KAPITEL 6

DAS GRÖSSERE WERK:

COAGULATIO

Die beiden Naturen ändern sich gegenseitig: Der Körper „verstofflicht" den Geist, der Geist verwandelt den Körper in einen farbigen und weißen Geist ... Die Auflösung des Körpers und die Erstarrung des Geistes – beide gehören zum selben Werk.

ARTEPHIUS

Diese Mixtur oder Verbindung kann einzig durch Transformation erreicht werden ... durch die Sublimierung des Körpers und seine Reduktion in spirituelle Form.

ROSARIUM PHILOSOPHORUM

Schwefel ist eines der unzähligen Synonyme für die prima materia *in ihren beiden Aspekten ... als Anfangsmaterial und als Endprodukt.*

C.G. JUNG

Der Körper muß vergeistigt und der Geist verstofflicht werden; beide Prozesse müssen stattfinden.

MARIE LOUISE VON FRANZ

Zu begehren und im Begehren zu sehen – das ist der Mut, den das Herz erfordert.

JAMES HILLMAN, THOUGHT OF THE HEART

☿

☿

COAGULATIO

Ein BMW, seiner Farbe entledigt – Khaki unter
der sinkenden Sonne. Die Rippen der sandfarbenen
Straße rasen vorwärts den Hügel hinab …

Wann werden wir aufstehen?
Oh, wann werden wir aufstehen?

Die *coagulatio* ist die Schwelle, nach der das Größere Werk beginnt – die Verstofflichung des Geistes, die durch *nigredo* und *solutio* vorbereitet wurde. Nach der *solutio* können wir weder weiter aufsteigen noch „oben" bleiben: Wir müssen wieder herunterkommen. Geist in Materie und Materie in Geist – Materie, *die zu Geist wird.* Hier liegt nun unsere Aufgabe. Die *coagulatio* ist eine Rückkehr zur Erde, ein neues Sterben. Mehr als jedes andere Stadium kennzeichnet sie den alchimistischen Prozeß als Streben nach Substanz, nach Substantiellem.

Die *coagulatio* bringt uns in positivem Sinn zur Erde zurück – zu einer warmen, sinnlichen Erde. Zur einer neuen Erde, von der Johannes im Evangelium berichtet:

Und ich sah einen Neuen Himmel
und eine Neue Erde.

Sie unterscheidet sich sehr von der bitteren Erde der *nigredo*. Letztere wird manchmal als „Aufbrechen alter Erde"[1] beschrieben, während es hier um das Aufbrechen neuer Erde geht – den Aufbruch zu neuen Ufern.

Zurück zu unserem Kernsatz *„solve et coagula"*. Dies ist also der *coagula*-Teil, was soviel heißt wie „koagulieren", „erstarren", „gerinnen", aber auch „erden" und „beleben".

Oder wie Alexander Sethon und Michael Sendivogius es ausdrückten:

Besäße der Mensch keinen tierischen Schwefel,
könnte das Quecksilber in seinem Blut nicht zu Fleisch
und Knochen erstarren; und hätten Pflanzen keinen
vegetabilen Schwefel, könnte ihr Quecksilber oder
Wasser (Harz) nicht zu Blättern und Blüten erstarren.[2]

Das bringt uns zu der wichtigen Unterscheidung zwischen Transmutation und Transformation. Wir neigen dazu, uns auf letztere zu konzentrieren, als eine Art garantiertes Versprechen der Veränderung, ohne zu berücksichtigen, daß eine Änderung, die echt sein will, auch *physikalisch* sein muß, sprich: auf einer subtilen Energieebene im Körper vollzogen werden muß oder zu werden hat. Andernfalls erleben wir Befreiung oder Erleichterung, aber keine dauerhafte Änderung.

Die *coagulatio* führt uns zum Körper, zur Materie, zur Erde, die uns überall umgibt – grün-golden im Sonnenlicht.

Sie führt uns aus der Nacht, aus dem Träumen hinein ins Tageslicht, ins Erwachen.

Ihren Mittelpunkt bildet die *Gelbung*, weshalb sie auch *citrinitas* genannt wird. Hiervon leitet sich das Wort „Zitrus" ab, bei dem wir an Zitrusfrüchte – das frische Gelb einer Zitrone, das strahlende Orange einer Apfelsine – denken. Ihr Geschmack ist herb, säuerlich, beißend – voll spritziger Energie. In der Gelbung liegt ebenfalls *kreative* Energie, die vibrierend und hellwach ist wie der Tag. In diesem Stadium taucht das maskuline Prinzip wieder auf.

Nach der Entblößung in der *solutio*, der Enthüllung der Seele, wird die Erde hier gewissermaßen neu verpackt – eine Parallele zu den ägyptischen Riten der Osiris, denen zufolge der Initiierte neu bekleidet wird, wenn er der Dunkelheit entsteigt. Die *coagulatio* findet im Zeichen von Venus und Mars statt, wobei die Venus als weiblicher Planet die Eigenschaften der Erde sowie das Konzept der Liebe versinnbildlicht, während Mars mit seinem Schwert für die Röte des Feuers und der Kraft steht. Venus und Mars verkörpern hier – wie in der Astrologie – die archetypischen femininen und maskulinen Energien. Und sie hängen mit dem Gleichgewicht und der Dynamik der maskulinen und femininen Aspekte in uns zusammen.

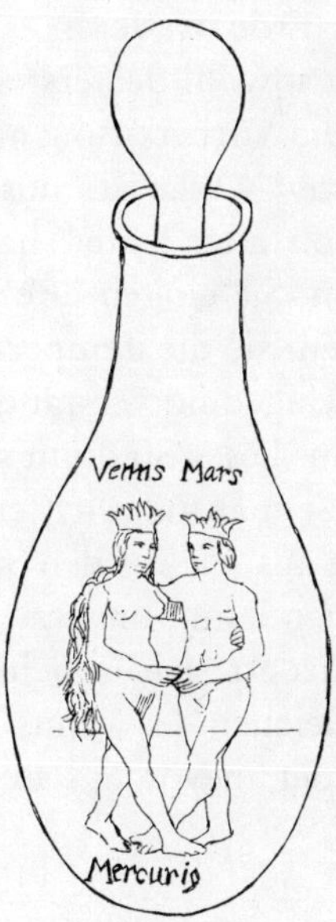

Venus und Mars sind Luna und Sol auf einer höheren, expandierten Ebene. Was die Reihenfolge angeht, so folgt Mars auf Venus und Sol auf Luna.

Sehen wir uns die Figur Sols näher an. Denn Schwefel ist das Agens der Koagulation. Wenn die *solutio* unser Bewußtsein für das Weibliche, für die *anima* steigert, dann ist die *coagulatio* die Meditation über das Männliche. Wie es in der *Turba* bezeichnend heißt:

Am Anfang liegt die Frau auf dem Mann,
am Ende liegt der Mann auf der Frau.[3]

Sol, gerade wiedergeboren, präsentiert sich hier roh und unausgegoren. Er ist noch unrein und doch unverzichtbar in seiner Funktion als Agens des Feuers und der Kraft. Was Luna war, muß Sol jetzt werden – und zwar in sich selbst und als Mittler. Aber zunächst muß er durch die Venus gehen, das Element der Erde passieren.

Da die *coagulatio* sowohl das erste Stadium des Größeren Werks als auch die Vorbereitung auf das Ende bzw. die Realisierung des *ganzen* Werks ist, müssen wir sie gründlich erforschen. Wie schon angedeutet, haben einige Alchimisten sie übersprungen. Sie gingen direkt vom Weiß auf das Rot der *rubedo*, indem sie die Temperatur maximal erhitzten. Zwar mag ihre Ungeduld verständlich sein, doch glaube ich nicht, daß man dieses Stadium so einfach überspringen sollte. Damit läßt man nämlich eine Komponente der Erde und der Erdung aus, die für den Stein und für das, was die *rubedo* uns bringen kann, unverzichtbar ist.

Die *coagulatio* gliedert sich in acht Phasen, von denen die erste Hälfte im Zeichen der Venus und die zweite unter Marseinfluß stattfindet, bevor Sol und Luna sich wieder vereinen. Sie heißen:

separatio

fermentatio
illuminatio
nutrimentum

fixatio
multiplicatio
revificatio

sublimatio

Wir werden alle Phasen nacheinander behandeln.

Als Bild für die *coagulatio* haben wir einmal den Säer bzw. den Alchimisten-als-Säer, der den Ertrag aus der *solutio* als fermentierendes Gold auf die „blätterbedeckte" Erde streut. Das Adjektiv deutet an, daß wir uns im Herbst, in der roten Jahreszeit, befinden, die Loslassen indiziert. Zum zweiten wäre da die Schlange bzw. der als Schlange getarnte Mercurius. Die *serpens mercurialis* windet sich um das im Kolben liegende Mondei der *solutio*, hält es fest im Griff und drückt es solange, bis es platzt und sich neu formt – zu einer Sonne. Außerdem finden wir Bilder emporfliegender Vögel: zum Beispiel den Schwan, der durch den Adler ersetzt wird, da dieser näher zur Sonne fliegen kann. Die Abwärtsbewegung symbolisieren bohrende, ultraviolette Sonnenstrahlen, die manchmal als mit Pfeil und Bogen gewappnete Vögel gezeichnet werden. Diese Strahlen sind Strahlen des Geistes, die in den Körper eindringen. Wir können sie beim Sonnenbaden als Prickeln auf unserer Haut spüren. Der Regenbogen als Brücke zwischen Himmel und Erde, die dieses Stadium verkörpert; Dämmerung und Sonnenaufgang – alles Bilder für die Sonnenrückkehr. Nicht zu vergessen der Pelikan (wie in der *solutio*), der für die anhaltende Dominanz des Gefühls steht, das jetzt *im Körper* erfahren wird. Und allen voran haben wir die „Neue Erde" selbst, die wie ein Kontinent aus den Wassern der *solutio* auftaucht – erst als Inselkette in einem Strom, dann als Festland ... von Wasser umspülte Erde, die ins Licht zurückkehrt.

Zurück zur Geschichte von Sol und Luna, die eine erneute Wendung nimmt. Er erschlafft in ihr, worauf sie ihre Beine zurückzieht. Dann liegt er da, in der Stille danach, auf

ihrem Bauch – mit dem Gesicht nach unten oder zur Seite gerollt – und beginnt zu fallen, zu sinken. Auf den Höhepunkt folgt jäh die Erschöpfung.

Er sagt kein Wort. Sie legt sich zurück. Im *Rosarium* heißt es:

Hier wird Sol begraben und überflutet
mit Mercurius philosophorum.[4]

Er versinkt, versinkt in die Erde, die Schlange schlüpft in den Kolben. Über dem Paar beginnt sich ihre androgyne Form in zwei Hälften zu zerteilen, und während Sol sinkt, steigt Luna auf. Sie geht nach Norden, während er – vielleicht weit weg – zurückbleibt. Sie ist außer Reichweite. Beide sind getrennt.

Das ist die *separatio* – die erste Bewegung, die stattfindet. Eine Differenzierung, denn Sol und Luna werden fortan individuell als Mann und Frau gesehen. Und obwohl Sol in dieser Phase im Vordergrund steht, ist sie auch Lunas Werk. Doch beide müssen ihren Anteil separat leisten. *Bewußt oder unbewußt, weiß Luna das – und es ist für sie wichtig, daß auch er es weiß. Denn hierdurch beginnt sie, seine Kraft als Mann herauszufordern.*

FERMENTATIO

Diese post-koitale Phase der Trennung von Quecksilber und Schwefel initiiert die *fermentatio* oder Fermentation, in der wir zum Stein selbst kommen. Während sich die Schlange dreht und windet, die Schale im Kolbeninnern immer fester umspannt, entsteht ein Eindruck der Enge und des Versinkens, des Gefesselt- und Eingekesseltseins. In diesem *solve*-Teil der *solve et coagula* beginnt die Auflösung des weißen Steins, während er mit seinem Ferment, dem Gold, verbunden wird. Dieses Ferment ist die Gelbung, durch die – „ganz allmählich" – die Koagulation in all ihren Stadien stattfindet. Das Ferment des Steins färbt das Weiße gelb – und dadurch wird das Silber, das die Weißheit verkörpert, langsam zu Gold.

Hier tritt der Schwefel erstmals in Erscheinung: mit Korrosion, Zersetzung und Materialisierung. Der Schwefel klärt die Essenz männlicher Energie, den Samen, der das Zentrum des Dreiecks in der Abbildung auf der nächsten Seite bildet.

Und wie Senior im *Rosarium* kommentiert:

Das ist die Präparation, die sie den Wandel und die Spaltung nennen, wegen ihrer vielen Veränderungen: von Stadium zu Stadium, von Schwäche zu Stärke,

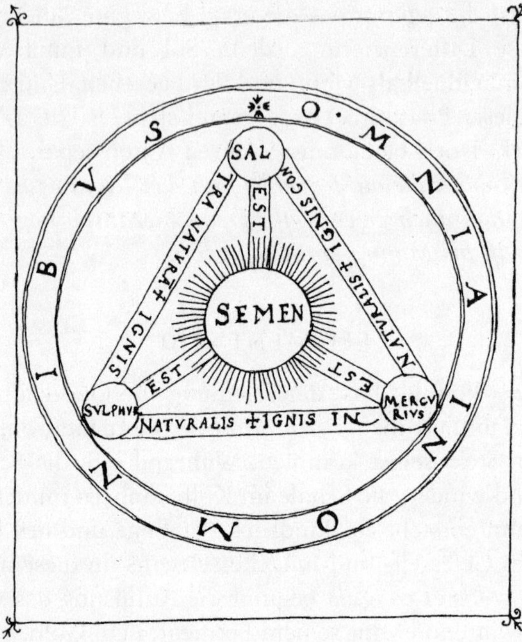

vom Groben zum Feinen und Subtilen. So verändert sich nur der Samen unter dem Einfluß der Matrix natürlicher Präparation – von Ding zu Ding –, bis aus seiner Wurzel und seinem Anfang am Ende der perfekte Mann entsteht.[5]

Dies läßt uns auf die wahre Entwicklung Sols innerhalb der *coagulatio* schließen und hilft uns, zu verstehen, was sein Versinken in Wahrheit bedeutet. Es ist ein Sterben, das seine Fortpflanzungsfähigkeit steigern soll – eine Analogie zum auf die Erde fallenden Weizenkorn im Johannesevangelium: „Doch wenn es stirbt, bringt es zahlreiche Früchte hervor." Auf uns übertragen bedeutet das: Durch den Kontakt zur Erde sind wir fruchtbar – deshalb müssen wir in sie hineingehen.

Für den Mann ist diese Phase die Vertrautwerdung mit seinem Samen, mit seiner eigenen Kraft, seiner eigenen Wahrnehmung, seinem Unterscheidungsvermögen.

Aber auch in bezug auf das Maskuline in der Frau werden hier ihre fruchtbare Klarheit, Willenskraft sowie die Fähigkeit zur Fokussierung, Verantwortung, Selbstbestimmung angesprochen – immerhin befinden wir uns im Zeichen der Venus.

ILLUMINATIO

In der zweiten Phase der *illuminatio* („Erleuchtung") sehen wir ein grün-goldenes Licht, wobei das Gold angeblich zuerst erkennbar wird. Und wieder ist die Situation paradox. Während Sol immer tiefer sinkt (manchmal als Hinabsteigen in einen Brunnen dargestellt), beginnt die Schlange, die Schale zu durchbohren. Und trotzdem sehen wir Licht! Was hat das zu bedeuten? Johannes Fabricius drückt sehr schön aus, was der Alchimist in dieser Phase empfindet:

> *Die freiwillige Opfergabe des Alchimisten, der in der* citrinitas *die in der* albedo *gewonnenen Reichtümer hingibt, beweist die Unerbittlichkeit der alchimistischen Transformation, die den Adepten ständig zu neuer Anpassung, unerforschten Operationen und unbekannten Einstellungen zwingt.*[6]

Wir tappen hier im Unbekannten, denn unsere Erwartungen werden komplett widerlegt. Die *illuminatio* wird meist mit Bildern des Bohrens – Sonnenstrahlen, Pfeile –, aber auch des läuternden Feuers verdeutlicht, in dem „sich der feuchte, irdische Körper der Trockenheit ausliefert". Die „Trockenheit" sind hier Sonne und Himmel (das „Oben"); das feuchte, irdische Element ist der Körper (das „Unten"). All das passiert, während der Stein immer gelber wird.

Mit dem Bohren ist das Erwachen Sols gemeint. Sein Bewußtsein erwacht, allmählich wird er zu seinem eigenen Licht. Mitunter sieht man Luna, wie sie mit dem Bogen auf ihn zielt – ein weiterer Anhaltspunkt für uns. Die Erfahrung von Kritik oder etwas Spitzem, Scharfem – so wird angedeutet – wirft uns auf uns selbst zurück. Zwar ist uns das alles andere als lieb, doch werden wir dadurch wachgerüttelt. Und dieses Erwachen ist das Licht. So vermag auch Luna, wo immer sie ist, Sol wachzurütteln – und über dieses Wachwerden und Neuorientieren kann sein Bewußtsein wachsen. Hier kommen die Vögel ins Bild: der Schwan, der zum Adler wird und sich zur Quelle des Lichts emporschwingt, die Sonne auf seinen Flügeln und in seinen Augen. Der Adler dient ferner als Symbol für das Männliche sowie für das spirituelle Bewußtsein – ganz anders als der weiße Schwan.

Sol erwacht also – ein schmerzvoller und vor allem sehr langsamer Prozeß. Diese Langsamkeit charakterisiert die gesamte *coagulatio*, besonders aber ihre Anfangsphase. Es handelt sich insgesamt um einen kühleren Prozeß. Eine Inschrift instruiert:

> *Wenn du die weiße Farbe siehst, kühle deine*
> *Arbeit ab, und du wirst von der lunaren*
> *zur solaren Farbe gelangen.*[7]

Und eine andere ergänzt:

> *So großartig ist diese Medizin, daß sie*
> *Gold hervorbringen wird.*[8]

Diese Medizin ist das Erwachen des Bewußtseins, das den Körper transmutiert, die Brücke schlägt zwischen „oben“ und „unten“.

NUTRIMENTUM

Diese Transmutation unter der Venus führt uns zum *nutrimentum*, auch *cibatio* genannt, was wörtlich übersetzt „das Neue nähren" heißt. Diese Phase, in der „der rote Schwefel [Sol] nach seiner Läuterung vom silbernen Mond zersetzt wird", dreht sich um den Gedanken der Nährung. Sol ist jetzt noch tiefer versunken, und die Bewegungen der Schlange spalten die Eierschale in unzählige, haarfeine Risse. Im *Rosarium* steht:

Sol wird hier schwer,
ein Herz mit Mercurius philosophorum.

Sols Schwärze hat beinahe *nigredo*-Qualität, doch bei aller Ähnlichkeit gibt es auch einen wichtigen Unterschied. Die Schwärze hat hier eher die Konnotation einer Depression, eines Niedergedrücktseins durch eine physikalische Form. Danach kommt eine Phase der Nährung – Sol zehrt von dem Femininen, der Hinterlassenschaft Lunas. Demnach thematisiert *nutrimentum* den Mann, der sich der Weiblichkeit in ihm bewußt wird, die hier nicht als *anima*, sondern als Nahrungsmittel fungiert. Auf einer tieferen Ebene ernährt Sol sich von der Erde selbst. Er findet sein Erden-Herz, ein ihn umfangendes Gefühl, das ihn mit der lebendigen Materie verbindet, die warm ist wie die sonnendurchflutete Erde. Wie alle Nahrung im Licht der Sonne gewachsen und von ihm erfüllt.

Wir müssen unsere Herzen der Erde öffnen – das ist die Voraussetzung. Dann werden wir Mercurius finden, der wie stets die personifizierte Lebensenergie verkörpert.

☿

Im Zeichen der Venus ist Sol sowohl mit der Erde als auch mit seinem Bewußtsein verbunden. Er hat sein Herz sich selbst geöffnet, sein Gefühl ist geerdet. Er wird allmählich er selbst: „sein eigener Herr". Das ist Lunas Geschenk an ihn, nachdem er sich ihr ergeben und in ihr aufgelöst hat. Und es ist ein Geschenk der Venus, die die echte und liebende Frau symbolisiert. Und dadurch gewinnt Sol an Reife, wie sich denken läßt. Doch das ist erst die halbe Geschichte. Im Zeichen der Venus, heißt es, scheint die Sonne kupferfarben. Das Gold ist zwar schon vorhanden, aber noch „unstabil und grob".[9] Zeit für die zweite Hälfte der *coagulatio*, in der Mars das Zepter übernimmt.

FIXATIO

Mars signalisiert den Beginn des solaren Lebens, wo Sol er selbst wird und das Gleichgewicht zu kippen anfängt.

Das Gleichgewicht zwischen maskulin und feminin ist in der Alchimie sehr sorgfältig und minuziös ausgelotet – wie bei einer echten Goldwaage.[10] Sol ohne Luna, sprich Schwefel ohne Quecksilber, erzeugt Starre, und Quecksilber ohne Schwefel verflüchtigt sich. Nun kommt Sol hinzu, mit der Essenz seiner Männlichkeit, die er Luna geschenkt hat.

Die Temperatur im Kolben steigt, die *fixatio* („fix werden", „erstarren") setzt ein.

Auftakt für den *coagula*-Teil von *solve et coagula*. In diesem Abschnitt, so heißt es, nimmt mutierfähiges Silber die stabile Qualität von Gold an. Stabilität ist hier das Schlüsselwort – wir denken an stabile, unverbrüchliche Gefühle, die Behauptung eines festen Standpunkts und bei Männern an eine gewisse Herzenshärte. Laut alchimistischer Lehre beginnt hier das „solare Leben" oder, wie wir heute sagen würden, die Männlichkeit.

Aber es geht auch um die Weiblichkeit, da die Frau sich hier aktiv mit ihrem maskulinen Anteil oder *animus* verbindet, statt sich mit einer Projizierung auf einen externen Mann oder eine Vaterfigur zu begnügen. Lunas Reise spiegelt Sols Reifeprozeß wider, da sie seiner bedarf, um in sich komplett zu werden.

Das lunare wird zu solarem Licht; im Kolbeninnern beginnt mit aufsteigender Hitze die Rötung des Steins, die mit der Verdampfung seiner Wäßrigkeit oder Feuchte (wie erwähnt: „feucht" steht für Erde und „trocken" für Himmel) einhergeht. Sol nähert sich seinem Zentrum – dem Zentrum seines Selbst und dessen, was er geben kann –, indem er buchstäblich in seinem eigenen Feuer steht.

Wie es in der *Aurea catena* heißt:

Ein Subjekt ist um so fixer, je näher es sich am Zentrum befindet, sofern es nicht durch die reichliche und permanent hochsteigende Feuchtigkeit behindert wird.[11]

Die Botschaft lautet: Wir sollen weiter vorwärtsgehen, uns nicht durch Grübeln oder negative Gedanken aufhalten lassen.

Und wie durch einen Blitz, während sich die Schlange mit dem Schwanz im Mund windet und aufrollt, fängt der Inhalt des Kolbens urplötzlich Feuer. Im Lodern der Flammen erkennen wir die aufsteigende Sonne, den aufsteigenden Sol, die Kraft, die aufsteigt.

Oben berührt unten, und unten reagiert auf oben.

Seele und Geist finden zusammen.

MULTIPLICATIO

Diese Reaktion wird durch den Regen begrüßt, der nun vom Himmel fällt – das Symbol der *multiplicatio* („Vermehrung"). Diese Phase steht für Expansion – eine Expansion der Potenz, wie bei den Strahlen der aufgehenden Sonne – und Fülle oder Überfluß. Der nackte Mann mit den geöffneten Händen in William Blake's „Glad Day" veranschaulicht die *multiplicatio* sehr gut. Sie ist auf entwaffnende Weise schamlos und natürlich. Unverkrampft – so, wie ein glücklicher Mann den Regen begrüßt.

Im Kolben fermentiert der Schwefel nicht mehr im Stein, sondern „fixiert ihn durch Vermehrung in seiner Erde“, so daß er mit Hilfe des Regens, der Energie von oben (vom Geist), expandiert, während der Stein transmutiert ... und die Bewegungen der Schlange das Ei reparieren und zu einem goldenen Globus zusammenfügen.

Licht erfüllt den Kolben zwischen oben und unten: das Herz, die Sonne als Kraft des Herzens.

REVIFICATIO

Nach getaner Arbeit stirbt die Schlange, die sich als Sols eigene Sexualität in der unreinen Form zwanghafter Triebhaftigkeit entpuppt. Das ist die *revificatio* („Wiederauferstehung“). Die Wiederauferstehung bezieht sich nicht auf den Penis, sondern auf Sols spirituelle Energie, die *die Sexualität durch den ganzen Körper ersetzt*. Auf den Mann gemünzt, haben wir es hier mit Beherrschung zu tun und einer Lebendigkeit, die ihn durchfährt. Wir sehen das Licht.

Und die Frau? Das Feuer, das die solare Kraft ausstrahlt, kann gezügelt werden. Es symbolisiert die emotionale und sexuelle Unabhängigkeit der Frau, zu der sie hier ein natürlicheres Verhältnis entwickelt.

In dieser Etappe ist der Körper „ausgefüllt mit unentzündbarem Schwefel“,[12] was auf eine immense innere Stärkung nicht nur des Körpers, wie wir ihn kennen, sondern des Körpers als Gefäß, als Kolben hindeutet. Man könnte sogar sagen, *der Geist ist vollends in den Körper eingetaucht*; Burckhardt nennt diese letzte Phase unter Marseinfluß „äußerste Koagulation“.

Kann sein, daß wir uns immer noch allein fühlen, doch Luna naht bereits, magnetisch angezogen von einer unsichtbaren Macht. Diese Macht ist Sol mit seiner neu gewonnenen Reife – letztere spürt Luna als Frau instinktiv, ohne Worte. Sie spürt sie in dem, was er verkörpert. Und sie wird von ihr angerührt.

Wir erkennen, daß Luna durch Mars geht wie Sol durch die Venus ging. Was für ihn galt, gilt genauso für sie – mit dem unterschiedlichen Vorzeichen, daß sie eine Frau ist. Das ist ihre separate *coagulatio*, die unserer Entwicklung als Männer und Frauen entspricht.

Und der Stein? Er ist inzwischen, so heißt es, geklärt, koaguliert und „fließend".

SUBLIMATIO

Was geschieht, wenn Sol und Luna wieder zusammenfinden? Sie sind nicht mehr allein. Sie bringen das Oben und Unten, Himmel und Erde mit sich. Sie treffen sich im Blut – oft als ein Bad aus Blut dargestellt –, in der Realität des Gefühls und der Körperlichkeit, die diese letzte Phase der Rötung als gemeinsames Erleben charakterisiert. Ihre Begegnung offenbart, wozu ihr mühsamer Weg gut war: damit zwischen ihnen etwas *Größeres* entstehen konnte, das sie begleitet, führt und nährt. Ihre Trennung hat beide reicher gemacht, und hier, in der *perfectio*, werden sie gemeinsam abgebildet, wie sie auf der Erde stehen, über ihnen die Sonne und die Sterne, in ihren Körpern mit der Seele und den Instinkten verbunden, während der Geist über sie hinaus und zwischen sie reicht, so wie auch Himmel und Erde in der Realität miteinander verschwimmen. Im Solarzentrum über ihnen schwebt das Zeichen des Mercurius in einem nach oben spitz zulaufenden Dreieck, das den „dritten Punkt" oder Apex zwischen ihnen bildet:

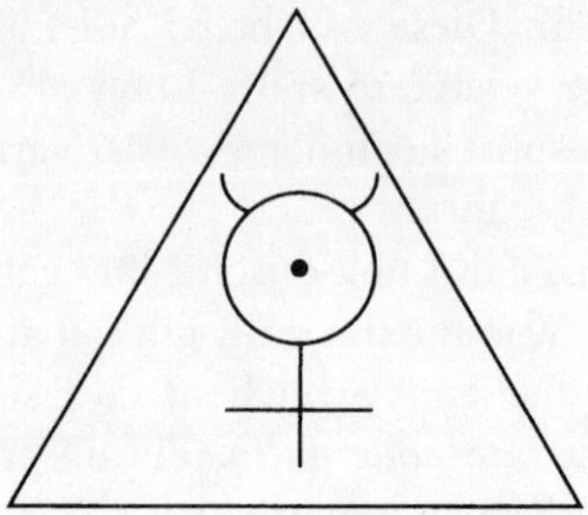

Während sie sich nun lieben, beginnen die beiden Dreiecke des Hexagramms *(siehe S. 169)* zu einem Stern zu verschmelzen, zu einem Stern ohne Namen; denn obwohl sie Sol und Luna sind, könnten sie ebensogut Yin und Yang sein, während sie zum Zentrum zurückkehren und zu dem dritten Körper, der ihnen gehört – aber nicht *nur* ihnen. Sie teilen jetzt etwas Größeres, durch Gnade Empfangenes. Wie es in einer weiteren Versinschrift heißt:

Die Dinge, die oben sind,
sind auch unten.
Was der Himmel birgt, steckt oft auch in der Erde.
Feuer und fließendes Wasser sind Gegensätze –
glücklich der, der sie zu einen vermag.[13]

Das ist die *sublimatio* („Sublimation“, „Vergeistigung“): eine Form des Liebesspiels, die mit ihrer erhöhten Sensibilität dem Tantra ähnelt, bei dem sich das Bewußtsein der Liebenden nach innen zum Himmel und nach außen zur Erde erstreckt. Sie haben die Augen offen, sind klarsichtig, ohne Illusionen, vollkommen frei, zum Alleinsein ebensogut in der Lage wie zur Zweisamkeit.

An der Schwelle zur finalen Stufe haben sich der Rote König und die Weiße Königin erneuert. Wie Pearl S. Buck treffend beschreibt:

Es ist nicht die Liebe, die man in der Jugend fühlt, und auch nicht die Liebe, die man vielleicht in mittleren Jahren fühlt, sondern eine sehr eigene, dankbare Form der Liebe; eine Liebe, die alles gibt und nichts verlangt: Was zurückkommt, ist pures Gold.[14]

☿

Die *coagulatio* führt durch *solve* und *coagula*, durch Versinken und Wiederaufstieg, Wiedervereinigung und Rückkehr. In dem Sinne ist sie sowohl ein in sich geschlossener Kreis – das Bild der Schlange mit dem Schwanz im Mund – als auch eine Entwicklungsstufe im Prozeß *insgesamt*. Sie bereitet uns auf die Verstofflichung des Geistes vor, bevor dieser *in unseren Körper einfährt*.[15] Das Gefäß muß stabilisiert, gefestigt werden, um den neuen Wein – die Fülle des Geistes – aufzunehmen und dabei intakt zu bleiben. Und sie ist Inkarnation – wirkliches Im-Körper-Sein –, weshalb sie von den vier Hauptstadien des Werks am längsten dauert. Und ihr Zweck? Die originäre Rolle und Funktion des Körpers wieder einzufordern und zu begreifen, warum wir letztendlich Menschen geblieben sind und noch keine Flügel haben.

Hierzu eine weitere Übung, mit der Sie dieses Stadium für sich selbst durchexerzieren können – allein oder mit einem Partner. Sie sollten bei dieser Übung im Freien sitzen. Falls das nicht geht, schlage ich vor, daß Sie im Anschluß einen Spaziergang machen, um Ihre Füße auf dem Boden zu spüren und durch sie die Energie der Erde in sich aufzusaugen.

Sitzen Sie still; lassen Sie sich Zeit, um die Verbindung zu Ihrer Atmung herzustellen.

Schließen Sie die Augen, und verbinden Sie sich dabei mit Ihrem Körper. Gehen Sie in ihn hinein. Was fühlen Sie dort?

Stellen Sie sich nun Licht vor, das von der Sonne kommend Ihren Kopf umkränzt und durchbohrt. Machen Sie sich die Beschaffenheit dieses Lichts bewußt – und der Sonne, falls Sie im Freien üben.

Dann beginnen Sie, das Licht nach unten zu holen – langsam. Spüren Sie, was geschieht, wenn es in Ihren Körper eintritt, den Hals hinunterfährt, über die Schultern, in den Brustkorb, die Arme herab … in Ihren Bauch, … in die Fingerspitzen, in Ihre Oberschenkel gleitet, … durch die Kniekehlen, die Waden herab in die Fußgelenke, Füße und in die Erde wandert.

Fühlen Sie, wie es jede einzelne Körperzelle durchflutet, und machen Sie sich Widerstände und Blockaden bewußt.

Dann konzentrieren Sie sich auf Ihren Genitalbereich. Wie sehr fühlen Sie sich mit ihm verbunden? Wie ist die Energie dort?

Danach lenken Sie Ihr Bewußtsein auf Ihr Herz. Auch hier halten Sie kurz inne. Wie fühlt sich Ihr Herz an? Spüren Sie eine Verbindung zwischen ihm und Ihrer Sexualität? Welche?

Dann bewegen Sie sich wieder in Richtung Kopf.

Prüfen Sie, ob die Erfahrung des Lichts, Ihres Herzens und Ihrer Sexualität Sie an eine Situation oder Phase in Ihrem Leben erinnert. Was fällt Ihnen ein? Wie fühlt es sich an?

Versuchen Sie, ein Bild für die Situation zu finden. Auf welchen Körperbereich deutet das Bild hin? Seien Sie präzise.

Sie können es auch bitten, auf einen Körperbereich zu zeigen, der Heilung nötig hat.

Dann denken Sie einen Moment nach, was das über Ihr Verhältnis zu Ihrem Körper aussagt. Wie gestaltet es sich momentan? Und wie könnte es aussehen?

Kommen Sie zurück, wenn Sie bereit sind, und schreiben Sie Ihre Erfahrung möglichst detailliert auf. (Sie können sie natürlich auch zeichnen.)

Danach machen Sie Ihren Spaziergang, in dem Tempo, das Ihr Körper vorgibt. Fühlen Sie Ihren Körper, seinen Rhythmus, seine Bewegung, seinen Atem und seine Bedürfnisse.

Wie sehen Sie die Erde jetzt?

Wie fühlen und spüren Sie sie?

Gibt es eine besondere Verbindung, die Sie zu ihr aufnehmen möchten? Und schaffen Sie das?

Versuchen Sie, beim Rekapitulieren Ihrer *coagulatio*-Erfahrung Ihr Verhältnis zur Materie einzuschätzen. Wie sehr fühlen Sie sich mit der Materie verbunden? Wie ausgewogen ist Ihr Verhältnis zu ihr, was Ihr inneres, spirituelles Leben betrifft? Und welche Sinnlichkeit (im Unterschied zu Sexualität) gestehen Sie sich zu? Welche Bilder und Erinnerungen sind am grün-goldenen (und rot-goldenen) Faden Ihres Lebens aufgereiht? Betrachten Sie sie, und finden Sie heraus, welchen Bezug sie zum Erleben Ihrer physikalischen Form haben?

Außerdem empfehle ich Ihnen, sich Ihre Erfahrungen in den diversen Phasen dieses Stadiums ins Gedächtnis zu rufen. Nehmen Sie sich Zeit für diese Reflexion. Prüfen Sie, wie Sie die einzelnen Phasen empfinden, sie innerlich wahrnehmen und zu welchem Körperbereich sie führen – als Indiz, daß die Koagulation hier fortgesetzt werden sollte. Ihr Bewußtsein für dieses Stadium insgesamt wird durch diese zusätzliche Übung wesentlich vertieft.

☿

Die Essenz der *coagulatio* ist „Erdung" – Verstofflichung, Inkarnation –, und deshalb erfolgt sie im Anschluß an die *solutio*. Sie ist ein Tor zur Außenwelt, deren Teil wir werden, jedesmal wenn wir unseren Wagen starten oder eine Gabel Reis in den Mund nehmen. Sie öffnet uns nach außen – wo Gruben ausgehoben werden und die Bauarbeitertrupps mit ihren gelben Helmen Erde schaufeln. Materie.

Aber nicht nur Materie. Auch Geist. Und *Materie, die sich als Geist entpuppt.*

Marie Louise von Franz erhellt die Bedeutung der *coagulatio* in einem Gespräch und zeigt ihre Implikationen für uns alle auf. Sie fragt einen ihrer Zuhörer:

> *Wie sehen Sie das? Der Körper, die Materie, wird spiritualisiert, und umgekehrt wird der Geist konkretisiert. Was heißt das in der Praxis?*
>
> *Die Aufhebung der Kluft zwischen Körper und Geist.*
>
> *Ja, aber wie sieht das genau aus?*
>
> *Das würde eine total andere Einstellung zum Körper erfordern.*
>
> *Inwiefern?*
>
> *Indem man analytische oder spirituelle Erfahrungen im wirklichen Leben umsetzt.*
>
> *Ja, das wäre die Fixierung des Geistes. Wenn man eine psychologische Erkenntnis anwendet, inkarniert man, was vorher spirituell war. Wenn man etwas als richtig erkennt und in die Realität umsetzt, wird es damit real. Und was bedeutet der zweite Teil?*
>
> *Eine bewußte Einstellung, die sich vom spontanen Erleben zum Teil distanziert und es eher symbolisch betrachtet – also gewissermaßen eine Spiritualisierung der Erfahrung.*[16]

Der letzte Satz ist entscheidend. Er besagt, daß wir die Materie nur mit den Augen des Geistes sehen können, wenn wir das wahre Wesen der Erde und der irdischen Erfahrung kennen. Damit fordert er implizit das Gegenteil unserer gewohnt reduzierenden Sichtweise, die die Dinge separat betrachtet, so daß wir sie nicht richtig *fühlen*, und die Abkehr vom dualistischen Denken, das unser Potential und unsere Kreativität zur Farce verkümmern läßt.

In der *coagulatio* kommen wir nach unten. Wir müssen von unserem hohen Roß herunterkommen, damit die Verbindung stattfinden und die Kluft überwunden werden kann. Interessanterweise muß vor allem Sol – das maskuline Prinzip – diesen Weg gehen.

In der *coagulatio* erhalten die Dinge außerdem eine Form, so wie eine Idee umgesetzt werden muß oder ein geistiges Bild erst durch die Hand des Künstlers sichtbar wird. Die Koagulation ist ein wesentlicher Teil der Reise des Künstlers, der sein Handwerk gerade lernt. Seamus Heaney drückt dies sehr gut aus in seinem dicht komponierten „The Earth House", das in die Form dessen, was es beschreibt, gegossen ist:

Ich war vier, doch ich wurde vielleicht vierhundert,
als ich das uralte, klamme Gefühl eines Tonbodens
unter mir spürte. Vielleicht auch viertausend.

Jedenfalls: Da war es. Milch für Katzen
in einer stinkenden Pfütze hingegossen, von Spritzern
befleckter Moder um den Wasserkrug aus Terracotta.

Grund des Daseins. Des Körpers tiefe Ergebenheit
an seine wechselnden Spannungen. Eine Halbtür,
die sich direkt ins Sternenlicht öffnet.

Aus diesem Erdhaus erbte ich einen Satz kalte
Erinnerungsgewichte, meine Hände und Füße
in der Waagschale der Dinge zu beschweren.[17]

Während wir herunterkommen, entdecken wir, daß Objekte ein stilles Eigenleben besitzen. Diese Erkenntnis, dieser

Kontakt ist eine der Eigenschaften des koagulierten Steins. Oder, wie der Dichter Paul Matthews in einer seiner Anleitungen für kreatives Verseschreiben ausführt: „Beginnen Sie irgendwo. Beginnen Sie mit dem blauen Stuhl." Ein nützlicher Rat: mit dem zu beginnen, was uns ganz unmittelbar umgibt.[18]

Wie erwähnt, bedeutet *coagulatio* auch Wiederbekleiden, was nach der Entblößung in der *solutio* die erneute Verbindung mit unserem Ego signalisiert. Jetzt aber im positiven Sinn, bezogen auf das Ausdrücken und Umsetzen unseres Willens – aktiv so zu sein, wie wir sind oder wie wir werden wollen. In der Venus-Phase, vor allem im *nutrimentum*, besinnen wir uns auf unser instinktives Wesen und erkennen dadurch die Energie, die wir für unsere Heilung und unser Wohl benötigen. Der nachfolgende Traum, den mir Lucy Lidell, selbst eine bekannte Autorin und Heilerin, erzählte, illustriert dies auf bemerkenswerte Weise:

> *Ich sitze am Ufer eines Sees. Ich drücke auf eine meiner Brüste und bemerke, daß sie Milch enthält. Ich probiere es an der anderen, und auch aus ihr fließt Milch. Ich bin verblüfft. Und dann fasse ich nach unten und entdecke, daß ich einen prachtvollen, über 20 Zentimeter langen Penis habe. Ich denke: „Ich muß schwanger sein." Worauf mir eine Krankenschwester erklärt, daß ich das Baby nicht austragen kann, weil mein Puls zu schnell oder irgendwie unregelmäßig ist.*
>
> *Dieser Traum zählt zu den* physikalisch realsten, *die ich je hatte – ich erinnere mich noch genau an mein außerordentliches Glücksgefühl …*

Zum Zeitpunkt des Traumes wußte sie viel weniger über unser Thema, als sie vermutete; hinterher beschrieb sie ein Gefühl der „Komplettheit" und des ständigen Wunders: „Es ist, als ob ich hier alles hätte, was ich brauche."

Die *coagulatio* schärft unser Bewußtsein für unser Geschlecht und die Balance zwischen unseren maskulinen und femininen Anteilen. Unsere Komplettheit als Individuum hängt nicht zuletzt davon ab, ob wir *das andere in uns finden.* Wie mir eine andere, an früherer Stelle bereits zitierte Frau kürzlich in einem Brief anvertraute:

> *Ich war so fokussiert auf die femininen, fraulichen Seiten von Catherine, ihre „Königin"-Attitüde, das ich mir nie über ihre Maskulinität Gedanken machte. Damals war ich nicht bereit, mich diesem Aspekt zu stellen. Doch jetzt fühle ich ihn, als den Teil von mir, der sehr aufrecht ist, der Welt ins Auge blickt und ihr frontal entgegentritt; mit neuer Selbstsicherheit.*

Das ist Luna mit ihrem roten Löwen. Ein anderer Mann aus meiner Gruppe benutzte das simple Bild eines schlammigen Pfades, den er hinabgehen müsse, um Heilung zu finden.

Wir erkennen, wie sich die Beziehung zwischen Luna und Sol ändert, während sie ihr Werk vollbringen – eine Änderung, die mit Differenzierung zu tun hat. Beide ziehen sich zurück, damit sich ihr individueller Kreis schließen und sie vervollständigen kann. Vielen von uns ist sie vertraut, diese „Reise durch die Wüste", wenn zwei Menschen in einer Partnerschaft ihre unterschiedlichen Charaktere und Bedürfnisse anerkennen müssen – hier sind Aufrichtigkeit und Unterscheidungsfähigkeit gefordert. Thomas Moore schreibt in *Care of the Soul:*

> *Während wir transparent werden – bloßgestellt als genau der, der wir sind, und nicht der, der wir gerne wären –, glimmt in einem Funken der Inkarnation einen kurzen Moment das abstrakte Mysterium menschlicher Existenz auf. Spiritualität strahlt aus der Gewöhnlichkeit dieser menschlichen Existenz, die*

durch lebenslange Achtgabe auf ihre Natur und ihr Schicksal transparent gemacht wurde.[19]

Ich halte es für keinen Zufall, daß die Wiedervereinigung von Sol und Luna angeblich im Zeichen des Wassermanns stattfindet, denn dieser ist Symbol für alles, das neu entsteht und neu empfangen wird. Moore beschreibt dies so:

> *Die ultimative Verbindung von Geist und Seele, animus und anima, ist die Vermählung von Himmel und Erde, die Verquickung unserer höchsten Ideale und Ambitionen mit unseren niedersten Symptomen und Beschwerden.*[20]

Die *coagulatio* führt uns auf eine tiefere Ebene der persönlichen Verpflichtung uns selbst gegenüber und verlangt auch Opfer von uns – die Aufgabe von Ansprüchen, die mit dem Eingeständnis unserer Grenzen verbunden ist. Sie untermauert den Boden und unser Bewußtsein für die Basis, auf der wir stehen – weil wir gewählt haben, wir selbst zu sein. Es gibt Schicksal, und es gibt freie Wahl – das Verhältnis zwischen beiden ist paradox und ziemlich undurchschaubar. Doch zu gewissen Zeitpunkten unseres Lebens wird die Notwendigkeit, zu wählen, zum zwingenden Imperativ, kristallklar wie der Geist oder besser: wie vom Geist geschickt. Und natürlich bedeutet eine Wahl zwischen zwei Dingen immer einen Verlust. Das Einströmen spiritueller Energie dokumentiert die ab der *fixatio* einsetzende Rötung. Eine Frau spürte während einer Visualisierung im Zusammenhang mit diesem Stadium, wie sie „sich formte", und ihr Bild war das eines Altars, der zum Amboß wurde, auf den „das Feuer des Geistes niederprasselte". Ihr weiterer Lebensweg bestätigte die Richtigkeit ihrer Eingebung in bezug auf die Kraft, die sie später brauchte, um sich selbst und ihrer Berufung, sowohl in ihrer Kunst als auch in ihrer wichtigsten Beziehung, treu zu bleiben.

Die Beschreibung, die Lionel Snell, Magier und Autor, von seiner Erfahrung gibt, greift in unserem Prozeß sowohl ein Stück zurück als auch ein Stück vor:

> *Meine eigene Erfahrung dieses Stadium betreffend war ein Traum, in dem ich grellbunte Farbe wegkratzte, einen wunderschönen Diamanten entdeckte und dabei ein Gefühl von Frieden und Macht empfand. Meine* nigredo *hatte in mir völlige Leere erzeugt, und ich hatte mich nach etwas gesehnt, dieses Vakuum zu füllen. Dieser Traum transmutierte nun die Leere in Makellosigkeit: ein farbloser Edelstein, der in allen Farben und in lupenreiner Klarheit erstrahlte. In meiner Leere war ich auf das härteste und unverwüstlichste Material der Erde gestoßen.*[21]

Wir können in diesem Zusammenhang (und an jedem Osterfest) auch an Christus am Kreuz denken. Mit seinem blutenden Herzen, menschlich, leidend und zeitlos in seiner Geste der Erlösung – ein simples und zugleich gigantisches Bild.

Die *coagulatio* führt uns auch unsere Werte vor Augen. Was sind das für Werte? Wir alle sollten uns fragen: „Wem nutzt es?“ Das Ego dient hier dem Selbst, sowohl auf unser wahres Ich als auch auf die Welt bezogen. Ein altes alchimistisches Sprichwort, heute noch so gültig wie ehedem, mahnt: „Gehe als Händler auf den Markt, aber handele nur mit echtem Gold.“[22] Das sollten wir uns alle merken – egal, was wir in der Welt tun oder in Zukunft tun werden.

Aber die *coagulatio* beinhaltet auch Leid, und als längstes Stadium des Prozesses verkörpert sie auch die längste Reise – den Abschnitt, in dem die meisten von uns die meiste Zeit ihres Erwachsenenlebens verbringen. Und vor allem um die Lebensmitte herum besteht die Gefahr, daß wir müde werden. Wie C.G. Jung einräumte: „Individuation macht niemanden jünger." Schlimmer noch: Es kann der Eindruck entstehen, sie dauert *zu* lange: Was hat mir all das überhaupt gebracht? Was habe ich erreicht? Hier ist die Versuchung groß, aufzugeben, sich auf die Seite zu rollen und einzuschlafen, verbunden mit dem Gefühl, im Körper versunken, überwältigt zu sein. Vielleicht auch mit einem Gefühl des Verrats – „Ich weiß, was ich tun soll, und ich habe es versäumt" –, das schmerzlich sein kann und nach Hilfe schreit. Es handelt sich um eine besondere Dunkelheit vor der Dämmerung.

Eine andere Form von Leid ist natürlich die Krankheit, in unserem Alltag inzwischen gang und gäbe. Sie wirft uns gewaltsam in unseren Körper zurück, so daß wir kaum eine Chance zur Flucht haben. In der Krankheit steckt die Schattenseite des Lebens, die viele von uns nicht sehen wollen: die *Seele*, in einer Welt, die ihre Seele auf brutale Weise verloren hat. Und doch birgt sie auch das Potential zur Regenerierung, damit wir werden können, wie wir *sind* statt wie wir *nicht* – oder nicht mehr – sind. Wie der Tod schwingt sie die große Sense, reißt uns den Boden unter den Füßen weg, kappt jedes Band zu unserem früheren Sein und unserer Identifikation damit.

In *The Alchemy of Illness* schreibt Kat Duff nach langer, schwerer Krankheit:

> *Jetzt, wo ich – hoffentlich – das Schlimmste überstanden habe, fühle ich, wieviel Glück ich hatte, und bin unendlich dankbar jenen, die mir durch meine Not hindurchhalfen, so daß ich einige verlorene Teile meines Selbst wiederfand. Ich kann nicht vergessen, daß diese Plätze und meine Fähigkeit, sie zu wählen, in mir existieren, noch kann ich vergessen, was ich über meine eigene Verwundbarkeit und die der Welt gelernt habe – die Gebete gehen also weiter. Gleichzeitig fühle ich mich gefestigter – als stünde ich endlich,*

zum ersten Mal in meinem Leben, auf meinen beiden Füßen, als sei in die blassen Konturen meines Selbst endlich etwas Farbe geflossen. Diese Kombination aus Verwundbarkeit und Stärke ist nur einer der vielen merkwürdigen Widersprüche, die mitten in einer Krankheit ans Licht kommen. Wie die Alchimisten oft sagten, die „Sonne und ihr Schatten“ komplettieren das Werk.[23]

„Die Sonne und ihr Schatten“ – ihr Schatten ist koaguliert, ist Materie, ist das, was wir genausowenig leugnen können wie den Tod, wenn wir die Erfahrung, die Schönheit und das Geschenk eines herzerfreuenden Lebens tatsächlich genießen wollen.

☿

Kollektiv betrachtet, begegnet uns die Koagulation in jedem Aspekt weltlichen Lebens. Sie funktioniert auf zwei Weisen – eine neue und eine alte –, die beide die Transmutation von Schwefel und von Sol selbst widerspiegeln. Am deutlichsten begegnet sie uns in der Baubranche, der Industrie, im Ingenieurswesen und in der technischen Produktion. Wir hören sie in den Fabriken – das Hämmern in der Luft, das Rattern der Fließbänder, das Klicken der Stechuhr. All das ist der rauhe Sol: rauhes Tageslicht, apollonisch wie die Sonne. Eine Transmutation von Stoffen – egal ob Metalle oder Pharmazeutika – findet statt. Mixturen werden hergestellt, Teile montiert, die Werbung kümmert sich um Überschüsse … *coagulatio* ist das reale Leben – oder zumindest das Realitätsmodell, auf das sich der Konsens geeinigt hat.

Natürlich gibt es einen Makel, so wie Sol selbst mit einem Makel behaftet ist. Und dieser Makel ist seine schwefelige Grobheit und die Einschränkungen, die damit verbunden sind. Hier geht es nicht nur um Materialismus (auch Alchimie ist materiell), sondern vielmehr um die Blindheit einer Perspektive, die die Materie ausschließlich als Materie, also zweidimensional, sieht, sich vollends auf sie verläßt und sie damit negiert.

Diese Blindheit erkennen wir, sobald wir an die ökologische Krise denken, in der wir uns befinden. Unserem scheinbaren Irdischsein und Weltlichsein zum Trotz – wir sind nicht wirklich mit der Erde verbunden, nicht mehr als mit einer Mutter, die gebraucht und mißbraucht wird. Wir sind nicht mit ihr verbunden, weil wir nicht mit unserem Gefühl verbunden sind – nicht innen und darum auch nicht außen. Unser Alltag ist praktisch, gebrauchsfreundlich, mechanisch – aber ein wahrhaftiger Energiekreislauf, der auf Bewußtsein und Respekt, Gefühl und Liebe basiert, findet nicht statt.

Diese Blindheit tritt auch in vielen alltäglichen Alpträumen zutage – angefangen beim Rassismus über Schlägereien im Alkoholrausch bis hin zum Rowdytum in Fußballstadien. All das ist weltlich, okay, aber mehr noch ist es die Hölle.

Die Alchimisten haben längst begriffen, was wir noch begreifen müssen: *daß die Erde nur richtig erleben kann, wer auch den Himmel erlebt.* Wieso? Weil man sonst kein Herz und keine Augen hat, sie zu sehen.

Langsam beginnen wir, zu erkennen, daß unsere hiesige Existenz eine Schule der Erde ist. Ein Spielplatz, ja, aber auch eine Schule, die verlangt, daß wir erwachsen werden, solange noch Zeit dazu ist. Und so lautet die Frage: „Was bedeutet es *wirklich*, auf der Welt zu sein?" Die Antwort folgt prompt: „*Es bedeutet, präsent zu sein.*" Dazu gehört auch Demut – die richtige Einschätzung unserer Relevanz. In *The Coming of the Cosmic Christ*[24] erinnert der Radikaltheologe Matthew Fox daran, daß die Wurzel des englischen Begriffs für „Demut" – „humility" – in *humus*, also „Erde" liegt, und wenn wir bewußt koagulieren, tun wir genau das: Wir treten in die Erde ein. So gesehen sind *fermentatio, illuminatio* und *nutrimentum* extrem „reiche“ Phasen, ökologisch im tiefsten Sinne, wobei „tiefe Ökologie“ zwangsläufig auch *in uns* bedeutet.

Die Farbe ist Grün – die Farbe der Natur und auch des Herzens –, Grün als Vorstufe zu Gold. Die globalen Ziele der Grünen und ihrer Politik sind greifbarer, handfester geworden. Papier- und Glasrecycling, organische Landwirtschaft, Permakulturen, Bäumepflanzen, Elektroautos und unzählige andere Projekte dienen alle dazu, unsere Umwelt zu heilen und ihr altes Gleichgewicht wiederherzustellen.

Viele junge Menschen heutzutage, denen der relative Luxus bzw. die Sicherheit dessen, was wir noch kannten, fehlt, *wollen* die Erde. Reisende, Mitglieder des Donga-Stammes, Demonstranten gegen Autobahnen – sie alle sind Kinder der *coagulatio*, Heiden der Neuzeit, die das Khaki der natürlichen Welt tragen, mit ihren alten Bussen und Campingwagen, ihren Partnern und Haustieren hin- und hergeschubst und abgelehnt werden von weiten Teilen der Gesellschaft, die keine Ahnung haben, *was* sie da ablehnen. Die massive Aufmerksamkeit, die diesen Aufbegehrern von der Justiz und den Medien zuteil wird, macht um so deutlicher, wie wenig wir kapieren, was sie verkörpern. Sie sind die zarten Saatkörner einer neuen Welt – Saatkörner, die in seßhafterer und geschützterer Form als Gemeinschaften auftreten – wie Inseln in einem Meer aus Verbindungsstraßen und Agrarwirtschaft. Einige werden aufgehen und blühen, andere werden sterben – aber der Impuls zur Gemeinschaft besteht eindeutig, und er wird bleiben. Viele von uns spüren eine wachsende Rastlosigkeit, wir träumen von neuen Lebensformen. Wir wollen einfach nicht in unseren Jobs leben, wollen keine hinter Mauern und Mörtel eingepferchten Sklaven sein: Wir wollen saubere Luft und freien Raum zum Arbeiten, Atmen, Leben. Träume, die von einem Gefühl der Seelenfreundschaft begleitet werden.

Diese andere Seite der *nigredo* ist auch universell zu verstehen. Sie steht für Arbeit, Schaffen, Entwicklung. Hängt zusammen mit dem, was die Erde selbst durchmacht, während sie sich durch ihren Aufstieg zum Himmel (ab *revificatio*) zur „Neuen Erde" entwickelt. Dieser Aufstieg der Erde ist nicht nur übertragen, in bezug auf ihre Wichtigkeit zu verstehen; er findet auch konkret statt, während wir in uns selbst aufzusteigen beginnen – mit der Erleuchtung, die dieser Aufstieg bringt, mit dem gegenseitigen Zugeständnis von Raum und Freiheit, mit Wohlwollen und Humor.

Und wenn wir bei der Gefühlsebene ankommen, realisieren wir allmählich, daß die *Materie so ist, wie wir sie sehen*, und nicht starr oder in Stein gehauen. Theoretisch wissen wir das bereits, aber jetzt können wir es auch persönlich erfahren. Die ganze physikalische Welt ist von Gefühl durchflutet – die laue Brise, die durch sonnenglänzende Buchenblätter weht, summende Mücken in sanftem Braun ... –, und sie ist auch durchflutet von dem, was wir *nicht* oder noch nicht sehen können – obwohl manche von uns dieses Unsichtbare als Farbe, Form oder Energie wahrnehmen. Aus diesem „anderen Land" kommen die Schamanen, Mystiker und Propheten. Und in dieser Phase unserer Evolution ist dieses Land bereit, uns alle zu empfangen, sollten wir uns entscheiden, es durch seine offenen Pforten zu betreten.

Während unsere Erleuchtung zunimmt und wir uns allen Ebenen unseres Seins stärker verbunden fühlen, vertrauen wir mehr auf unsere Intuition, mit ihren Geistesblitzen und Eingebungen, und werden uns sowohl unserer eigenen Autorität als auch unseres „Geführtwerdens" intensiver bewußt. Mental erneuert, nehmen wir am Abenteuer des Lebens teil.

Aber vor allem treten wir ein in die Liebe, die der natürlichste Zustand von allen, der natürlichste Ort der Welt ist. Und während wir dies tun, beginnen wir zu begreifen, was

Liebe jenseits der Romantik zwischen zwei Verliebten wirklich bedeuten kann: nämlich eine atmosphärische Realität zwischen allen Menschen in allen Lebenszyklen und -sphären, nah oder fern. „Die Liebe ist die Arbeit, und die Liebe ist der Lohn" – so wurde es mir einst intuitiv bewußt.

Während wir wir selbst werden, werden unsere Leben Teil jenes größeren Vorgangs, auf den das Größere Werk verweist. Hier liegt der Unterschied zwischen dem Leben im Ego und dem Leben im „Ich" oder „Selbst", in der individuellen Wahrhaftigkeit.

Dieses Selbst[25] ist die Schwelle, die die Liebe in uns und zwischen uns verkörpert. Und es ist die Schwelle, die wir überqueren, wenn wir sterben. Die gleiche Schwelle. Und wenn wir von dort aus unser Leben betrachten, ahnen wir leise, wozu wir hergekommen sind, was der Eintritt in die Menschenwelt seit immer bedeutet und in alle Ewigkeit bedeuten wird: unserem Sein Tiefe und Mitgefühl zu verleihen, die Talente, die uns mitgegeben wurden, zu erforschen und zu verfeinern, sie zu leben und auszufüllen.

Das ist „das Werk der Sonne", in Seele und Geist, im Oben und Unten, in uns allen.

Und ihr Schatten begleitet uns auf Schritt und Tritt …

Der Kristallisierungsprozeß

Der Kristallisierungsprozeß wird mit dem Bau der Schatzkammer durch zwei arme Arbeiter symbolisiert. Sie sind in Lumpen gekleidet, aber es sind saubere Lumpen. Der reiche Alchimist, der seine Reichtümer nicht mit der Alchimie verdiente, kommt vorbeispaziert. Was ist das für ein himmlisches Parfum? Es begleitet die Kristallisierung und Formation des Wunder bewirkenden Steins. Doch der Turm ist leer und noch ohne Dach, ein riesiger Schornstein. Kommt dieser Geruch von den Bausteinen, dem weißen Granit aus Penryn? Seine Arbeiter, die jeder zwei Groschen am Tag verdienen, befestigen langsam den Deckstein, und der Schacht fällt ins Dunkel. Der wunderbare Duft ist jetzt stärker. Der reiche Mann sinkt auf die Knie und scheint zu beten. Doch in Wahrheit schnüffelt er an den Bodenplanken und fragt sich, ober der Geruch vom Fundament hochsteigt – ein Jasminpflänzchen vielleicht, das verstohlen wächst im kargen Sonnenlicht, das durch schmale Ritzen in den dunklen Keller dringt. Die Arbeiter kommen von ihrer Leiter herunter, die sie für einen Groschen mieten mußten und unbedingt vor Sonnenuntergang zurückbringen wollen. Der reiche Alchimist steht auf und sucht nach den Groschen. Während die Münzen den Besitzer wechseln, begreift er, daß der wunderbare Duft, der seine nutzlose Schatzkammer erfüllte, nichts anderes war als der natürliche Schweiß, den die Bauarbeiter vergossen hatten.

PETER REDGROVE

KAPITEL 7

DAS GRÖSSERE WERK:

RUBEDO

Denn dein himmlischer Vater ist Liebe.
Denn deine irdische Mutter ist Liebe.
Denn der Menschheit Sohn ist Liebe.
THE ESSENCE GOSPEL OF PEACE

An diesem Tag, diesem Tag, diesem, diesem,
findet die Königliche Hochzeit statt.
THE CHYMICAL WEDDING OF CHRISTIAN ROSENCREUTZ

Man kann die Prozedur nicht kennen, es sei denn durch ein Geschenk Gottes oder einen erfahrenen Meister: Und die Quelle von allem ist der Göttliche Wille.
LAURENTIUS VENTURA

Das EINE, wonach du suchst, niemals wirst durch andere du es machen, wenn du es nicht erst hast selbst vollbracht.
GERARD DORN

Die Dauer des Werks hängt von der Menge des persönlichen Ballasts ab, der bewältigt werden muß.
PATRICK HARPUR

Korrekt eingesetzt, richtet sich alle Energie auf die Liebe.
BOB MOORE

☿

CCC
LXV

☿

RUBEDO

Dein Haar golden wie ein Glorienschein –
dein Antlitz strahlend gerötet. Ein gerolltes
Herbstblatt flattert im Wind …

„Alles kommt von dem EINEN und kehrt zu dem EINEN zurück, durch das EINE, für das EINE“ lautet der alchimistische Leitsatz für dieses letzte Stadium. Die *rubedo* führt uns zum EINEN, zur Einheit. Sie ist Vollendung – Vollendung und Befreiung. Synthese wäre ein anderes Wort. Oder Ganzheit.

Die *rubedo* erfordert einen Quantensprung an Bewußtsein und Erkenntnis – ihre einigende Dimension ist etwas, das sich unserem gewöhnlichen Intellekt entzieht. Wir müssen die nächste Ebene betreten. Wir können die *rubedo* auf der Ebene, auf die uns dieses Stadium einlädt, nur erahnen – eine Ebene, wo Intellekt und Gefühl verbunden, fusioniert, für immer verschmolzen sind in einer Weise, die Bestand hat und sich auf das bezieht, was in uns wirklich echt, wahrhaftig und herzerfreuend ist. *Rubedo* meint sehr simpel ausgedrückt die Verstofflichung des Geistes, für die wir diesen langen Weg zurückgelegt haben.

Wann immer ein Funken Geist aufglimmt, schimmert *rubedo* durch – ob innerlich oder äußerlich. In seinem Gedicht „Vacillation“ beschreibt W.B. Yeats eine wundervolle Epiphanie, die ihm jäh und unerwartet in einer völlig alltäglichen Situation widerfuhr:

Mein fünfzigstes Jahr war gekommen und gegangen.
Ich saß, ein einsamer Mann,
in einem vollen Laden in London;
ein offenes Buch und eine leere Tasse
auf der marmornen Tischplatte vor mir.

Während ich auf die Straße blickte,
glühte mein Körper mit einem Mal lichterloh;
und zwanzig Minuten oder so,
schien mein Glück derart gewaltig,
daß ich gesegnet war und segnen konnte.[1]

„Glühte mein Körper ... lichterloh“: Diesen Satz sollten wir uns merken, ob als Erkenntnis oder Wunsch oder beides. Wir stehen auf der Schwelle. Ein ähnliches Gefühl, wie wenn man durch die Hauptpforte einer Kathedrale tritt und voll Staunen auf das imposante Schiff blickt ... und auf Stein, der jetzt nicht grau ist, sondern rot – wie eine riesige Kathedrale des Herzens.

Wir sind in ihr, und sie umfängt uns überall. Sie kann manchmal so riesig sein, daß sie außer Reichweite scheint – wie ein Traum, der verblaßt.

Trotzdem sind wir in ihr, *weil sie auch in uns ist*, genau wie unser Herz unentwegt schlägt, Blut durch die Adern und Venen unseres Körpers pumpt – ob wir uns dessen bewußt sind oder nicht. Und das Geheimnis hier ist auch, den Geist zu *erbitten* durch aktives Gebet oder Meditation. Und wer weiß: Vielleicht stehen Sie neben einer Wiese, auf einen großen, efeubewachsenen Baum hochblickend, und aus dem Nichts erhebt sich eine Brise, schüttelt alle Blätter einen Moment lang durch, bevor sie sich wieder in der Stille verflüchtigt – und das ist die Antwort, die sagt: „Ich bin bei dir.“ Gewiß sind wir begünstigt – oder können es sein –, trotzdem müssen wir bitten, und das vergessen wir gerne.

Im Mittelpunkt der *rubedo* steht die Rötung, die sich schon in der *coagulatio* ankündigte: jenes Rubinrot, im Namen ausgedrückt, ein lebhaftes „funkelndes Zinnoberrot", das auch an Blut erinnert. Die Farbe des Herbstes und zugleich eine königliche Farbe, die dieses Stadium als die Krönung des Prozesses kennzeichnet, in der wir erfahren, was es heißt, königlich zu *sein*. Die andere Farbe hier in Zusammenhang mit Rot ist Purpur: eine Farbe, die speziell mit dem Geist in höchster Form assoziiert wird, beispielsweise in dem Gewand, das Jesus, der „König der Juden", bei seiner Gegenüberstellung mit Pontius Pilatus trägt. Somit symbolisiert auch Purpur – oder *iosis* – die Krone.

In der *rubedo* fließt alles zusammen und erschließt eine neue Dimension. Oben und unten, Himmel und Erde, begegnen sich und heiraten. Ein Moment der Aufschiebung und auch der Zeitlosigkeit, wie wir ihn immer dann erleben, wenn wir uns außerhalb der Zeit fühlen oder die Zeit tatsächlich langsamer wird. Dies ist sowohl eine innere als auch eine äußere Realität – eine Realität, die sowohl innerhalb als auch jenseits der uns gemeinhin bekannten Realität liegt, dort, wo eine „tiefe Zeit" einsetzt. „Damals" und „heute" verbinden sich zum Kontinuum – zeitliche Abstände lösen sich auf, und was entsteht, bleibt uns als Herz-Faden, als Herz-Essenz von Jahrhunderten in Erinnerung. Eine Dimension, in der *alles noch immer lebendig ist*, für unsere expandierten Sinne erfaßbar.

Hier sind alle Stufen präsent, und weil es in der Alchimie um Ganzheit geht, enthält die *rubedo* ein Paradoxon, indem sie Vermählung, aber auch Tod vorsieht. Und das Außergewöhnliche als das Gewöhnliche entlarvt, das überall ist, wenn wir es denn nur sehen könnten.

Dieses Sehen, diese Klarheit, entspricht dem Zeichen, unter dem dieses Stadium passiert: die Sonne, die strahlende Sonne als goldenes Licht und Zentrum, in dem, wie es heißt, der Geist triumphiert. Endlich ist unsere Reise, die uns von Saturn (in der *nigredo*) zur Sonne geführt hat, am Ziel.

Der Punkt im Kreis als Symbol – und ägyptischer Hieroglyph – für die Sonne ist eine Manifestierung, in der das Endliche oder Inkarnierte (Sie oder ich) vom Unendlichen umgeben ist. Ein überaus adäquater Ausdruck dafür, was es heißt, zentriert und daher in der Lage zu sein, den unendlichen Geist zu verkörperlichen. Kein Punkt, kein Kreis, heißt keine Manifestierung. Und kein Kreis bedeutet kein Geist. Dieses Symbol verweist uns auch auf die Einheit in uns selbst:

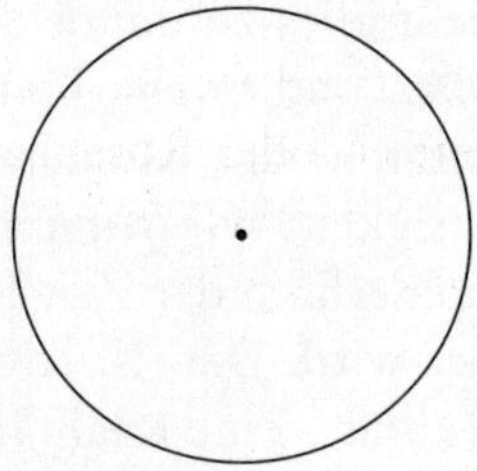

Das ist die Sonne. Neben ihr spielen zwei andere Planeten ein Rolle: Jupiter (wie in der *solutio*) steht für Expansion oder expandiertes Bewußtsein, und Uranus (1781 entdeckt), signalisiert mit seinem Blitz, der Feuer und Licht ist, Inspiration sowie abrupten Wandel. Uranus ist innovativ, schockierend und neu, ein Funke, der überspringt, wie der Moment, in dem man der Liebe nach langer Zeit zum ersten Mal wieder ins Auge blickt.

Die *rubedo*, zumal auf die Sonne konzentriert, ist heiß, sehr heiß, wie das rötliche Orange in einem Brennofen. Sie leitet über zu dem, was die Alchimisten als „vierten Grad" in diesem vierten und letzten Stadium bezeichnen.

Sie ist die Antithese der *nigredo*. Wir bewegen uns jetzt ins Licht. Wir brechen durch.

Zu den Bildern der *rubedo* gehören der Sternenlöwe sowie der rote Löwe, dessen mit Sternen besetztes Fell unmittelbar auf den größeren Kontext verweist. Ferner begegnen wir dem *filius macrocosmi* („Sohn des Makrokosmos“, der größeren Welt), der als beflügeltes Mercurius-Kind in Erscheinung tritt und die Vorstellung von der Menschheit als Mikrokosmos, der den Makrokosmos des Göttlichen spiegelt, bekräftigt. Wir haben den Eidotter, der wie die Sonne ist und sich mit dem – zu Beginn des Prozesses gefundenen – Ei der Weisen verbindet. Wir haben den vom Blut des Pelikans rot gefärbten Stein, der eine qualitative Verbindung zwischen dem Stein *und dem Herzen* herstellt. Wir haben Unmengen goldener Münzen als Metapher für spirituellen (und materiellen) Überfluß: Steine, die Bauklötze (Zellen) des Lebens; einen Garten oder Rosengarten, fruchtbar wie die Gebärmutter; und wir haben einen „Sarg des ewigen Lebens“, der das Mysterium von Tod und Wiederauferstehung inszeniert.

In den Illustrationen wird die *rubedo* mit einer Vielzahl von Bildern bedacht. Darunter auch viele größere Bilder, die den Doppelgänger des Alchimisten, das Androgyne von Sol und Luna in seiner finalen, exaltierten Form, zeigen. Wir haben reale und geträumte Landschaften voll erleuchteter Phantasie, beispielsweise die Heilige Stadt Jerusalem, die sich immer höher emporrecken – Nähe zu Himmel, Sonne, Mond und Sternen, ja zum Universum selbst suchend. Eine Architektur des Kosmos, eine geheiligte Geometrie.

Und schließlich haben wir die allgegenwärtige *ouroboros* – die große Schlange, die mit dem Schwanz im Mund Vollendung, Komplettheit, den nun geschlossenen Kreis symbolisiert. Und natürlich die Sonne, die alles mit ihrem Licht durchflutet.

MORTIFICATIO

Zurück zu unserer Geschichte. Zuletzt sahen wir Sol und Luna, wie sie gemeinsam unter dem Himmel standen, mit ihrer Ahnung einer „höheren Erde". Und nun geschieht wieder etwas Unerwartetes: Sie werden von dem Sternenlöwen aufgefressen, der auch der grüne Löwe der *nigredo* ist. Weil ihre frühere Einheit irgendwie sterben muß, wird hier wieder eine Trennung vollzogen. Diese *separatio* ist hingegen anders, denn sie geht einer Hochzeit voraus, bei der beide merkwürdig beherrscht und reserviert wirken. Sie heften ihren Blick auf die Quelle, die größer ist, als sie es sind. Das Thema hier: Warten, Klärung, ein Zeitrahmen, der sich dem Zugriff der Leidenschaft entzieht.

Im Kolben ziehen sich die reversierten Flammen um das Ei der Weisen herum zusammen, und damit tritt der Tod ein. Doch diese andere Form der *mortificatio* hält einen Schlüssel bereit.

Wie ist das zu verstehen? Die Alchimisten sagen, daß der Schlüssel zum Rosengarten, oder Garten der Liebe, in dieser ersten Phase liegt. Wir wähnen uns in einer Aufwärtsbewegung und werden plötzlich jäh heruntergezogen an einen Ort, der wehtut und den wir womöglich vergessen haben. Dieser Ort ist die Seele, eine verwundete Seele vielleicht – doch genau hier, sagen die Alchimisten, liegt der Schlüssel und der „abgewiesene Stein", der den Eckpfeiler des ganzen Gebäudes bildet. „Dein Herz ist deine Wunde, und dein Herz ist der Schlüssel." Wir dürfen diese Phase also auf keinen Fall auslassen – oder aber wir riskieren, dabei unsere Seele, unsere größte Kraftquelle, zu übergeben.

Auch der buchstäbliche Tod kann hier anklingen, mit Bildern von Alter und Gebrechlichkeit, die uns auf den Boden holen und zwingen, die Sterblichkeit anzuerkennen und Mitgefühl zu zeigen:

Dämmerung breitet sich über die Gräber.
Ein alter Mann bringt Blumen.[2]

Die sexuelle Energie wird entzogen, und während die Hitze allmählich zunimmt, steigen Sol und Luna in Richtung *Himmel* auf – ein Äquivalent eines gesteigerten Bewußtseins in Vorbereitung auf die Liebe.

Lassen wir die beiden einen Augenblick allein, um uns der Geburt im Kolben, der Geburt im Ei selbst, zuzuwenden. Das ist die Geburt (zunächst als Embryo) des *filius macrocosmi*, des Sohns der Weisen, auch „Kind des Werks" genannt, der der Stein oder finale Stein ist. Dieses Kind, das mit Sol und Luna in bezug auf ihre Eigenschaften und ihre Entwicklung assoziiert wird, ist außerdem die Saat des kosmischen Mannes oder transpersonalen Menschen, auf den dieses ganze Stadium verweist.

Der Alchimist macht sich inzwischen Sorgen. Denn wie bei jeder Geburt handelt es sich um einen äußerst kritischen Moment. Ist die Hitze zu groß? Arbeitet er zu schnell? Die rote Farbe ist da, doch ihr fehlt etwas. Ihr fehlt die volle

Kraft, Glaube, Gewißheit, Wissen. Ihr fehlt der Geist, das Unsichtbare, das herabsteigt. Wie es ein Alchimist ausdrückt:

> *Denn obwohl Gott in den Qualitäten der Natur Mensch geworden ist, ist der Mensch in den Qualitäten der Natur noch nicht Gott oder göttlich. Der Tinktur des Lebens fehlt noch der Geist des Heiligen Geistes. Damit sie diesen empfangen kann, strebt sie nach Fixierung in den Qualitäten der Sonne.*[3]

Das sind die Wehen – geistige und körperliche – vor der Geburt von etwas in uns, das echt, widerstandsfähig und dauerhaft ist: gut genug, um Gold zu werden.

> *Denn die Sonne verleiht der Tinktur Geist, Farbe, Fixierung und Perfektion. Die Farbe, die sie ihr gibt, ist*

Karmesinrot, das tiefe Rot eines Granatapfels: Das ist die unveränderliche, bleibende Farbe.[4]

Was bringt nun die Geburt dieses Kindes mit sich? Eine expandierte, universelle Bewußtseinsqualität, die zugleich eine Schwelle ist, eine Membran, eine Tür, durch die wir gehen müssen, um zu einer höheren Dimension zu gelangen, *in die der Geist eintreten kann.*

Wie der *Janitor Pansophus* schreibt:

Der unsterbliche Vater aller Dinge, nicht weniger weise im Ordnen wie kraftvoll im Schöpfen der Welt, hat das Universum so konstruiert, daß geheime Einflüsse und gegenseitiges Unterwerfen und Gehorchen es zusammenhalten, das Unten analog zum Oben ist und umgekehrt, wodurch beide Enden der Welt durch ein echtes Band natürlicher Kohäsion verbunden werden. Daher sagt uns Hermes, daß das Unten dem Oben gleicht und das Oben analog zum Unten ist.[5]

Unsere Beziehung zum Göttlichen bildet jetzt das Herzstück des Kolbens, das Herzstück der Materie (*materia*), ja das Herzstück des ganzen Werks – das rubinrote Herz. Sie ist der Auftakt zu einer weiteren wichtigen Erkenntnis: *daß wir in diesem Prozeß auch uns selbst heiraten, jeder von uns, allein.*

Das ist die Geburt des finalen Steins.

Sie ist die Überleitung zu den beiden nächsten Phasen: *multiplicatio* und *projectio*.

MULTIPLICATIO

Die *multiplicatio* kennen wir bereits von der *coagulatio*. Die Idee der Transmutation wird hier perfektioniert. Unter Marseinfluß in der *coagulatio* hatten wir die Gelbung, nun haben wir die volle Rötung des koagulierten Steins bzw. der Tinktur, die damit die Fähigkeit zur unbegrenzten Vervielfältigung oder Multiplikation besitzt. Anders wäre die nächste Phase, die *projectio*, auch gar nicht möglich. Die Alchimisten sagen, daß der Stein erst vollkommen ist, wenn er über diese Fähigkeit verfügt – sie ist ein Test für seine Wertigkeit.

Auf materieller Ebene können wir die *multiplicatio* analog zur Publikation verstehen. Das Buch, das Sie hier lesen, ist das Ergebnis der ursprünglichen Bromsilberpapiere mit Grafiken und Illustrationen, die zu mehreren Tausend Exemplaren vervielfältigt oder „multipliziert" wurden. Der Original-Drucksatz, hergestellt, überarbeitet und redigiert, ist in diesem Sinne der Stein.

Auf spiritueller Ebene können wir sie als aktiven Ausdruck des Herzens verstehen, das sich am Leben hält und sich multipliziert, indem es sich verschenkt. Durch dieses Geben bekommt es etwas zurück. Ein Kreislauf des gegenseitigen Wachsens und Kräftigens: Liebe trifft auf Liebe und erzeugt mehr Liebe. Als Mutter Theresa einmal gefragt wurde, wie sie soviel Energie aufbringen könne, antwortete sie schlicht: „Weil ich so sehr liebe."

Die Temperatur erreicht hier ihren Höhepunkt, damit die Tinktur perfektioniert werden kann. Die Flammen beginnen, den ganzen Kolben auszufüllen, der ein schönes, geheimnisvolles Licht versprüht. Es handelt sich auch um eine Körperwärme und ein sichtbares oder spürbares Licht, das unsere Konturen schärfer werden läßt, sofern wir von Licht und Feuer erfüllt sind.

Das Feuer verleiht der Tinktur Röte und Permanenz. Das versetzt uns in einen Zustand, der uns gegen Stimmungsumschwünge oder geänderte Schwingungen in unserem Umfeld seltsam immun macht. Und weniger selbstzentriert. Wir kümmern uns nicht mehr ausschließlich um unsere eigene Person – statt dessen entdecken wir eine sagenhafte Energiequelle in unserem Herzen.

Diese Energiequelle präsentiert sich hier, im letzten Akt der Koagulation, als das „Elixier" (Elixier des Lebens). In einer anderen alchimistischen Schilderung heißt es:

> *Im menschlichen Körper liegt eine bestimmte himmlische Substanz verborgen, nur wenigen bekannt, die keine Medizin braucht, da sie selbst die unbestechlichste Medizin ist …, eine ätherische Substanz, die die anderen Elemente des Körpers erhält und ihren Fortbestand fördert … In dieser Festung ruht der wahre, unzweifelhafte Schatz, der weder von Motten gefressen noch von Dieben ausgegraben werden kann, sondern für immer hier bleibt und nach dem Tod hierher gebracht wird.*[6]

Jetzt können wir also in den Rosengarten eintreten, jetzt verstehen wir, warum Luna als Königin ihre unzähligen goldenen Münzen verschenkt (*siehe Abbildung*), wieso Saturn die Blumen wässert, am Boden und an der Notwendigkeit von Grenzen festhaltend, wie es für ihn typisch ist. Jetzt beginnen wir auch, den Stein zu sehen, der sich abzeichnet. Die *Turba* beschreibt seine Eigenschaften:

> *Besagtes Ding ist in jedem Regiment und überall zu finden, ein Stein und doch kein Stein, gewöhnlich und kostbar, versteckt und abgeschirmt, und doch jedem bekannt, unter einem und unter vielen Namen … Deshalb ist dieser Stein kein Stein, sondern etwas viel*

Kostbareres. Ohne ihn kann die Natur nichts bewirken. Er hat einen Namen, doch haben wir ihm viele Namen gegeben, um seinem exzellenten Wesen gerecht zu werden[7]

„Regiment“ bedeutet hier Prozeß.

Und woher bezieht der Stein seine Energie? Von Mercurius, heißt es.

Der Stein, den wir sehen können, ist in uns, als Teil von uns, *reicht aber auch über uns hinaus*, indem er zur nächsten Phase überleitet: *projectio*.

PROJECTIO

Mit der *projectio* erklimmen wir die nächste Stufe. Im wörtlichen Sinne bezeichnet Projektion das, was bei Anwendung der roten Tinktur oder des „Pulvers“ passiert: Das Gold wird auf magische Weise multipliziert. In der *Philosophia reformata* heißt es:

> *Projiziere auf jeden Körper soviel du willst, denn seine Tinktur wird sich verdoppeln. Und wenn ein Teil beim ersten Mal hundert Teile konvertiert: Beim zweiten Mal konvertiert es tausend, beim dritten Mal zehntausend, beim vierten Mal hunderttausend und beim fünften Mal eine Million in die wahre Substanz, die Sonne und Mond erzeugt.*[8]

Im wörtlichen Sinne haben wir demnach die Projektion *und dann* die Multiplikation, tatsächlich ist die Reihenfolge allerdings *umgekehrt*.

Lapidis multiplicatiua Auri.

Projectio	I.	1000
	II.	10000
	III.	100000
	IV.	1000000
	V.	10000000
	VI.	100000000
	VII.	1000000000
	VIII.	10000000000
	IX.	100000000000
	X.	1000000000000
	XI.	10000000000000
	XII.	100000000000000

Centum milliones millionum tingunt.

Kehrt man die Richtung der Multiplikation, ihre waagerechte Ausbreitung, um, so erhält man eine Bewegung nach oben und nach innen, zurück zur Quelle – zur Quelle des Flusses. Diese Umkehr – wie ein Lachs, der stromaufwärts schwimmt – bringt die vertikale Dimension ins Spiel, die die horizontale Linie der Multiplikation kreuzt. Eine reizvolle „Verdrehung" der Geschichte. Sehen wir uns an, wie wir die Geschehnisse bis hierher deuten können.

Wir haben Heirat und Tod, und wir haben einen Ort jenseits des Todes, den Alchimisten als die Wiederauferstehung des Körpers *hier* und *dort*, auf der anderen Seite, betrachten. Aber um dahin zu kommen, müssen wir uns vertikal, aufwärts, bewegen – müssen in unserem Innern stromaufwärts schwimmen, zu einem Ort jenseits der Zeit. Das ist der Aufstieg des Geistes – wie die Kundalini – in uns, der auf seinen Abstieg folgt. Er ist Teil einer einzigen zirkulierenden Bewegung, die Geist und Seele, Himmel und Erde zusammenbringt – nicht nur als zwei miteinander verbundene Dinge, sondern als *ein Ding*, eine Welt, ein Königreich.

☿

Sol und Luna treffen sich also – er ist rot, sie weiß. Sie haben sich multipliziert, ihre Herzen geläutert. Wenn sie sich nun treffen, sind sie königlich im Herzen; sind König und Königin – und sie sind bereit. Und sie wissen, daß diese Entwicklung nicht nur auf sie selbst zurückzuführen ist, sondern auch auf Gnade.

Sie stehen nebeneinander, wie wir vielleicht alle eines Tages dastehen werden: er für sich und sie für sich. Und während sich ihre Augen jetzt treffen, ist da eine Klarheit und Zärtlichkeit, stärker als alles, was sie bisher gekannt haben, und trotzdem vertraut, wie wenn sie sie seit jeher kennen würden.

Dann schließen sie die Augen. Und während die Energie ansteigt, erkennen die Alchimisten den wiederauferstandenen Körper – den *corpus glorificatum*, den goldenen Körper des Mannes und auch der Frau, ein Körper, den wir mit einem transfigurierten, durch den Tod transformierten Christus gleichsetzen können. Diesen Körper beschreiben die Alchimisten als „transparent, klar wie Kristall, mit feurig-rötlichem Schimmer“.[9] Diese endgültige Geburt der roten Tinktur markiert unseren Übergang in eine andere Welt, während der Kolben wie die Sonne zu glühen beginnt, den „kleinen Tod“ (überlieferter Euphemismus für den Orgasmus), der die Geburt unseres spirituellen Selbst vorbereitet.

Im privaten Teil ihrer Hochzeit begeben sich Sol und Luna nun in eine Kirche ohne Wände. Das „Rätsel von Bologna“ spekuliert, wie sich die beiden jetzt fühlen mögen. Sie sagt zu ihm:

> Aelia Laelia Crispis, *weder Mann noch Frau, noch Zwitter, noch Mädchen, noch Bursche, noch altes Weib, weder keusch noch Hure, noch tugendhaft, sondern alles. Weggerafft weder durch Hunger noch durch das Schwert, noch durch Gift, sondern durch alles. Nicht im Himmel noch in der Erde, nicht im Wasser, sondern überall ist ihre Ruhestatt.*

Und er antwortet:

> Lucius Agatho Priscius, *weder Ehemann noch Liebhaber, noch Verwandter, weder jubelnd noch trauernd, weder Hügel noch Pyramide, noch Grab, sondern alles. Er weiß und weiß nicht, was er zu wem erhoben hat. Dies ist ein Grab ohne Leichnam. Ein Leichnam ohne Grab. Leichnam und Grab sind dasselbe.*[10]

Nun hebt der Alchimist den Deckel zu einem Sarg hoch, in dem er selbst liegt – zum Leben erwacht, geläutert in Seele und Geist, wo Seele und Geist sich treffen und vermählen. Jetzt sieht er – wie auch wir sehen mögen –, daß dort Tod und kein Tod ist. Und er gebärt sich selbst als Roter König – jener König, der die ganze Zeit in Sol am Entstehen war.

Sol und Luna ruhen und schweben inzwischen, den Himmel und die Freude aneinander und an ihrer Auferstehung widerspiegelnd, so daß wir begreifen:

Der Tod ist die Hochzeit.
Die Liebe ist die Hochzeit.

Sie bringen uns an denselben Ort.

☿

Es herrscht Integration, echte Ganzheit. Je länger die Ehe dauert, desto besser wird sie. Während Sol und Luna, die aus christlicher Sicht mit Christus und Maria gleichgesetzt werden können, in die Theogamie („verheiratet mit Gott" oder „in Gott") eintreten, wird, so sagen die Alchimisten, „Gott zum Menschen". Seele und Geist vereinigen sich, damit wir *alles* werden können, was wir sind. Der Körper ist vollkommen spiritualisiert und fähig zur spirituellen Verkörperlichung. „Das Feste regiert über das Flüchtige" – das ist eine unabänderliche Tatsache.

Welche Folgen hat dieses Ankommen auf der höchsten Bewußtseinsstufe? In dieser Phase entdeckt der Alchimist einige ungewöhnliche Fähigkeiten. Das *Book of the Holy Trinity* schreibt:

Hält ein Mann den roten Stein in seiner Hand, wird er unsichtbar. Bindet er ihn, um sich zu wärmen, mit

> *einem Tuch an seinen Körper, steigt er auf in die Lüfte und kann fliegen, wohin er möchte. Will er wieder zurück zur Erde, entfernt er den Stein von seinem Körper und landet sanft.*[11]

Ein eindeutiger Verweis auf die Levitation – mit anderen Worten: die Fähigkeit, sich nach Belieben auf verschiedenen Ebenen zwischen zwei Welten zu bewegen. Weitere Beispiele für übernatürliche Fähigkeiten: Hellsehen, Hellhören, Telepathie, Vorahnung, Channeling, Fernheilung, heilende „Wunder“, und jener plump als „Exorzismus“ bezeichnete Befreiungsakt ..., um nur einige zu nennen.

Gewiß sind das magische Gaben, die sich in der Alchimie jedoch erst entfalten, wenn man reif genug für sie ist. Denn es handelt sich um einzigartige Begabungen, die aus der Reinheit entstehen, und keine Spiel- oder Werkzeuge für manipulativen Schabernack. Kein ernstzunehmender Alchimist würde jemals ihren Mißbrauch dulden.

Das sind die Wirkungen des Steins.

☿

Und Sol und Luna? In der Stunde der *coniunctio* (angeblich im Zeichen der Fische) überschreiten sie, so heißt es, alle Gegensätze. „Quecksilber nimmt Schwefel auf und umgekehrt. Beide Kräfte sterben als Feinde und als Liebende“, heißt es in einem Text.[12] In einem anderen Bild stellen sich Sonne und Mond gegenseitig in den Schatten, so daß er nur *ihr* Gesicht und nicht sein eigenes sieht bzw. umgekehrt. Und in dieser Einheit von Liebe und Sterben, beginnt Luna – so unwahrscheinlich das klingen mag –, *Mann zu werden*, und Sol beginnt, *Frau zu werden*, obwohl er äußerlich „Mann“ und sie „Frau“ bleibt. Das ist ihre Transformation und ihre Androgynie, während Sonne und Mond zusammenfließen und in Form einer liegenden Acht – dem Unendlichkeitssymbol – zwischen beiden zirkulieren. Er heißt jetzt „Mann des Paradieses“ und sie

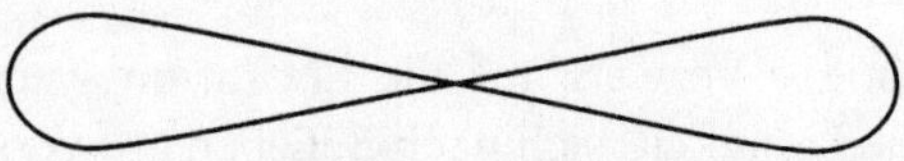

> *ist fortan ein substantieller, seraphinischer Engel; sie kann Arzt, Theologe, Astrologe, göttlicher Magier sein; kann sich zu allem machen, was sie sein möchte, und alles tun und haben, was sie begehrt: Denn all ihren Qualitäten liegt ein übereinstimmender, harmonischer Wille zugrunde. Und dieser eine Wille ist der ewige, unfehlbare Wille Gottes; und von nun an ist der göttliche Mann in seinem eigenen Wesen eins mit Gott.*[13]

Diese Vermählung wird von ihren Kerzen *(siehe Abbildung auf S. 157)* zelebriert, und sie werden hier in ihrer königlichen und nackten Gleichheit gemeinsam erhoben – zwischen ihnen der Globus, über ihm die Sonne, über ihr der Mond, umgeben von einem Ring goldener Sterne, in einem kosmischen Kreis, der wie die *ouroboros* auf das Ende des Werks hindeutet.

☿

Von hier an treten die Vermählung und die Wahrnehmungen des Alchimisten voll und ganz in eine kosmische, transzendierende Dimension ein, die Vereinigung und Einheit ist – die Aufhebung aller Paradoxa. Dieser Ort der Befreiung und zugleich der Erkenntnis wurde von Daskalos als *absolute Seinsform* (mit Bezug auf Gott)[14] und im *Tibetan Book of*

the Dead als das „Klare Licht der Leere" bezeichnet. Er ist beides: je nachdem, wie wir ihn sehen, wenn wir ihn sehen. Hierhin führt uns die *rubedo*: in Kreise der Ganzheit, die der Stein abgibt, weit hinaus in das Meer tiefster Einsicht, wo das Oben das Geheimnis, die Substanz und die Essenz (oder Quintessenz) des Unten enthüllt: in uns, um uns und endlich auch im Herzen und Zentrum unseres sonnenbeschienenen Lebens.

☿

Das ist der Stein der Weisen. Hier eine weitere Übung – die erste von dreien in diesem letzten Stadium, mit der Sie Raum für Ihr Bewußtsein und seine Expansion schaffen.

Hören Sie während der Übung etwas Musik, die zu Ihrer Stimmung paßt und Ihre mentale Entspannung unterstützt.

Sitzen Sie einen Moment lang still. Konzentrieren Sie Ihr Bewußtsein auf eine Stelle etwa 45 cm über Ihrem Kopf, die Sie als Punkt oder auch als Stern empfinden.

Sobald Sie eine Brücke dahin verspüren, denken Sie über Ihr Verhältnis zum Oben nach. Wie sehr fühlen Sie sich mit dem Oben verbunden? Wie sehen oder spüren Sie es?

Danach bringen Sie Ihr Bewußtsein langsam nach unten, um die Außenkonturen Ihres Körpers herum, bis es zwischen Ihren Füßen ebenfalls etwa 45 cm in den Boden hinabreicht (hier liegt der magnetische Punkt, manchmal auch „Erdchakra" genannt – das Äquivalent zu oben).[15]

Denken Sie über Ihre Verbindung zum Unten, zur Tiefe nach jeder Seite hin und um Sie herum nach. Seien Sie offen für alles, was kommt.

Wie gut sind diese beiden Punkte verbunden? Wie könnten Sie Ihre Verbindung stärken?

Kehren Sie zurück, wenn Sie bereit sind, und spüren Sie Ihre Füße auf dem Boden. Notieren Sie wieder, was Sie über das Oben und Unten und Ihre Verbindung erfahren haben, Ihre Einsichten und Bilder.

Was bedeutet Ihre Verbindung für Sie?

KREISE DER GANZHEIT

Der Stein gibt Kreise der Ganzheit ab. Der erste Kreis ist in dem Satz enthalten: „Die Sonne und ihr Schatten komplettieren das Werk." Die Alchimisten sprechen von *umbra solis* und meinen damit den Schatten der Sonne.

Die Sonne wird abgebildet, wie sie auf die Erdkugel und den Mond herabscheint, dahinter der Schatten der Sonne, der durch die Erde hervorgerufen wird. Der Sternenring, der sie umgibt, ist die „Himmlische Vermählung".

Die Erde wird hier als der Stein enthüllt. Der Schatten der Sonne ist der Schatten von Mond und Erde – und die Tinktur (der Stein) besteht, so heißt es, aus beidem. Mit anderen Worten: *Sie ist sowohl Licht als auch Schatten.* Sie kann keine Substanz, kann nicht materiell oder inkarniert sein, nicht „gemacht" werden.

Wie wir gesehen haben, schließt der Prozeß in jedem Stadium sowohl Licht als auch Schatten ein. Entbehrung und Schmerzen gehen Hand in Hand mit Expansion und Freude. Das gilt nicht nur für unsere Erfahrung, sondern bringt uns zu einer tiefschürfenderen Erkenntnis. Es ist nicht nur so, daß wir aus Licht und Schatten bestehen, sondern wir wären auch gar nicht in der Lage, behauptet die Alchimie, unser Licht *ohne* unseren Schatten zu verwandeln und zu verkörperlichen. In der Integration des Schattens liegt demnach eine einzigartige Gabe des Menschseins.

Konkret auf die Metalltransmutation bezogen heißt das, wir brauchen das Gekrätz ebenso wie das Gold, denn aus dem Gekrätz entsteht das Gold: die Schwärze und das Licht gemeinsam erzeugen es, und sie erzeugen *nicht nur Licht, sondern Gold.*

☿

Der zweite Kreis, der Sol und Luna am Ende betrifft, wird mit der Formel „die Quadratur des Kreises" *(siehe Abbildung auf S. 161)* beschrieben. Das *Rosarium* empfiehlt: „Man ziehe einen Kreis um einen Mann und eine Frau, daraus leite man ein Quadrat und von dem Quadrat ein Dreieck ab: Um das Dreieck ziehe man wiederum einen Kreis, und

Here followeth the Figure conteyning all the secrets of the Treatise both great & small

das Ergebnis ist der Stein der Weisen.[16] Was sich zunächst rätselhaft anhört, ist im Grunde sehr einsichtig. Das Dreieck über dem Paar, die Verbindung zum „dritten Punkt“ oder Apex, symbolisiert die Einheit von Körper, Seele und Geist, die durch die Vermählung zelebriert wird. Das Quadrat in dem Dreieck steht für die Synthese der vier Elemente – Feuer, Erde, Luft und Wasser –, die alle am Prozeß beteiligt sind. (Außerdem indiziert die Zahl 4 Ganzheit: vier Ecken, die vier Himmelsrichtungen usw.). Der Kreis, der alles einschließt, symbolisiert die „Transformation des Steins in dauerhafte Röte“, in deren Folge die Frau zum Mann und der Mann zur Frau wird. Das bedeutet: Nicht nur der Stein ist die Basis für diese radikale und ultimative Fusion – *Sol und Luna sind auch die Basis für den Stein*. Mit anderen Worten: Ohne Mann und Frau gäbe es keinen Stein.

Das kann durch unser Zusammenkommen entstehen, sofern wir den Prozeß und was er außerdem verlangt begreifen: daß wir uns selbst heiraten, mit uns selbst – als Mann wie auch als Frau – „eins" werden. Das schaffen wir, indem wir verstehen, daß wir das „Andere" stets in uns tragen, nicht nur als *anima* und *animus*, sondern auch konkret in unseren Beziehungen. Du bist in mir, so wie ich in dir bin. Du bist in meinem Herzen, so wie ich in deinem bin. Aber nur, wenn wir stark, „steinig" genug sind, um frei zu sein und die Entwicklung des Partners nicht zu behindern.

Und was entsteht zwischen uns, durch die Liebe? Durch aktives Lieben? Wieder Ganzheit. Das Diagramm unten veranschaulicht die Verbindungsstränge zwischen Mann und Frau:

FEMININ – femininer Geist
maskuline Seele

maskuliner Geist – MASKULIN
feminine Seele

Aus diesen beiden entsteht das Androgyne, das die Anerkennung impliziert: Jeder von uns besitzt ein einzigartiges Geschlecht – egal ob heterosexuell, bisexuell, schwul oder lesbisch. Das Androgyne ist nicht stereotyp. In der Tat schlummert es in uns allen, so einzigartig wir auch sein mögen.

Der Songtext der Regisseurin Sally Potter, den Jimmy Somerville in auffallendem Sopran am Ende ihres Films *Orlando* singt, bringt dies sehr schön auf den Punkt:

I am coming, I am coming
Here I am –
Neither a woman nor a man

We are joined, we are one
With the human race
We are joined, we are one
With the human face ...[17]

☿

Der dritte Kreis ist kurz. Er involviert das fünfte Element oder die Quintessenz, die sich als Synonym für den ätherischen oder subtilen Körper herausstellt. Er gewährt Zugang zum expandierten Bereich des Fühlens und Spürens – sowohl in uns als auch außerhalb. Unsere angeborene Sensibilität wird alchimistisch verfeinert: Sie durchläuft die Stadien des Prozesses, bis sie wirklich uns gehört, inklusive allem, was wir dann mit ihr erreichen können. Der dritte Kreis bringt uns auf neue Weise zum Himmel, zur Erde und zueinander zurück. Sein Nährboden sind Fürsorge und – wie beim alchimistischen Prozeß selbst – Ehrlichkeit und Stille, Natur, Bewegung und Meditation. Er ist der freie, innere Körper unseres Selbsts. Er möchte atmen. Und er möchte sein.

☿

Der vierte Kreis bezieht sich auf die besondere Qualität von Gefühlen, die (wie der Stein) durch Emotion geläutert wurden, speziell auf zwei Merkmale, die in diesem letzten Stadium hinzukommen: Distanzierung und Objektivität. Sie charakterisieren Erfahrungen, die wir außerhalb unseres Körpers oder in Konfrontation mit dem Tod machen, wenn das, woran wir früher krampfhaft festhielten, kaum noch Relevanz hat. Diese Eigenschaften können wir kultivieren. Sie gründen auf einem erweiterten Bewußtsein – einem Bewußtsein, das sich nicht in narzißtischer Nabelschau erschöpft, sondern realisiert, daß unser Planet dringend Hilfe nötig hat.

Was heißt das für unsere Beziehungen zueinander? C.G. Jungs provokante Einschätzung verweist auf den Kern der *rubedo*:

> *Emotionale Beziehungen sind durch Leidenschaft geprägte Beziehungen, befleckt durch Zwänge und Einschränkungen; wir erwarten etwas vom anderen, und das macht ihn und uns unfrei. Versteckt hinter der Attraktion emotionaler Beziehungen liegt objektive Erkenntnis – sie scheint das zentrale Geheimnis zu sein. Nur die objektive Erkenntnis ermöglicht eine echte* coniunctio.[18]

Hieraus können wir folgern, daß die Heirat nicht nur zwei Individuen, sondern *uns alle* betrifft.

☿

Der fünfte Kreis hängt mit dem Christus der Alchimie zusammen, der sich vom Christusverständnis vieler Religionen unterscheidet, indem er vertrauter, näher, „lebendiger", persönlicher, fordernder und radikaler ist. Die Alchimisten sehen in ihm sowohl den personifizierten Roten König oder „Rosen-Mann" (der Liebhaber) als auch den *corpus glorificatum*, den durch Gnade gegebenen goldenen oder glorifizierten Körper, für den uns die *rubedo* öffnet. Laut alchimistischer Auffassung war Christus bereits hier und hat das Werk schon vollbracht – so daß er uns nun führt und leitet, damit wir es in uns nachvollziehen können. „Ich bin die Wiederauferstehung und das Leben" – ein Satz, der sich Christen und Nicht-Christen jetzt in seiner vollen Bedeutung erschließt. Darüber hinaus lernen die Christen ihren

Gottessohn neu zu schätzen, denn er tritt in unseren Schatten und in unser Licht, vorrangig um unsere Wahrhaftigkeit und Ganzheit besorgt. Die Eucharistie gibt uns Gelegenheit, Christus so zu sehen, wie die Alchimie ihn sieht: Er gibt uns die rote Substanz seines Selbst im Brot und im Wein – als Seele und Geist, Materie und Geist in kombinierter Form – und schenkt uns damit das Sakrament der Einigkeit.

Christus präsentiert sich uns hier also als „Geliebter Meister", Bruder, Freund und bedingungslos Liebender, in den Worten seines letzten, neuen Gebotes: „... auf daß Ihr einander liebet, wie ich Euch zu lieben gelehrt habe ..." (Letztes Abendmahl, Johannesevangelium).

☿

Der sechste Kreis bringt uns in die Endphase des Werks selbst, in den Bereich der Stille und des Schweigens, auf den der Alchimist und seine *soror mystica* (in diesem Fall) mit ihrer Geste am Schluß des *Mutus Liber*, des „Stummes Buchs", hindeuten. Sie bezieht sich auf das Geheimnis, das sie entdeckt haben, und die Grenzen dessen, was sie preisgeben dürfen.[19] Das führt uns zum Anfang zurück, als wir, um fühlen bzw. zulassen zu können, daß etwas auftaucht und Gestalt annimmt, Stille praktizieren mußten *(siehe S. 3 f.)*. Das Schweigen ist Teil des Werks und unerläßlich für unsere Abgeschlossenheit im Kolben. Schweigen und Sprechen sind reziprok: Sprechen, das aus innerem Schweigen kommt, hat eine völlig andere Wertigkeit als Sprechen, das kein Schweigen kennt. Schweigen macht uns offen für Erfahrungen in ihrer reinsten Form. Schweigen bedeutet, zuhören zu können und uns führen zu lassen. Schweigen signalisiert, daß wir genügend freien Raum in uns besitzen, um Dinge zu empfangen, die wir noch nicht kennen. Diese Fähigkeit benötigen wir alle.

☿

Der siebte und letzte Kreis ist der Alchimist als Mann oder Frau. Die Mitarbeiterin oder „Geliebte in der Arbeit“, die *soror mystica*, wird, glorifiziert in ihrer Reinheit, als „Königin des Himmels“ oder Teil der Sophia dargestellt. In einem Text sagt sie:

Ich bin das Ende, und mein Geliebter ist der Anfang.
Ich bin das ganze Werk, und alle Wissenschaft
liegt in mir verborgen.[20]

Die Aufgabe des Alchimisten – und unsere eigene – besteht darin, sich zum „kosmischen Menschen“ zu entwickeln, sein Selbst vollständig zu bewohnen, Alter und Kindlichkeit, Weisheit und Sorge, Einfachheit und Offenheit in sich vereinend. Er wird mitunter als Atlas illustriert, verbunden mit „allem, was ist“, wie er in voller Größe ausgestreckt seiner Aufgabe als Mitgestalter von Ursache und Wirkung im Schöpfungsrahmen nachkommt. In einem Text heißt es:

Das Werk ist nicht perfekt, wenn es nicht im
Einfachen endet …, denn der Mensch ist das
wertvollste aller Lebewesen, und dem Einfachen
am nächsten. Letzteres verdankt er seiner Intelligenz.[21]

Und T.S. Eliot pflichtete vier oder fünf Jahre nach Yeats‘ Tod in „Little Gidding“ sinngemäß bei:

Schnell, jetzt, hier, immer
Ein Zustand vollkommener Einfachheit
(Kostet nicht weniger als ALLES)
Und alles wird gut sein
Alle Dinge werden gut sein

Wenn die Flammenzungen eingehüllt sind
In die Krone des Feuerknotens
Und das Feuer und die Rose eins sind.[22]

Die große Schlange, die *ouroboros*, ruht sich aus, den Schwanz im Maul haltend. Ein adäquates Bild, nicht nur für den geschlossenen Kreis, sondern unter Umständen auch für die Verknüpfung von Materie und Geist bzw. Intellekt und das kosmische Schicksal, das zudem unser eigenes ist. „Eins-Sein", Ganzheit.

Hier nun eine weitere Übung, mit der Sie Ihrer Vermählung nachspüren können:

Setzen Sie sich wieder bequem hin. Schließen Sie die Augen, um Ihre Atmung bewußt zu spüren – und auch, wie Ihr Körper sich anfühlt.

Versuchen Sie, die Farben Rot und Weiß (oder umgekehrt) zu visualisieren, und machen Sie sich Ihre Gefühle für diese Farben bewußt. Wenn Sie sie nicht wirklich sehen können, ist das nicht tragisch, denn Sie entwickeln trotzdem ein Gespür für ihre Energie.

Wie empfinden Sie die Farben nebeneinander? Den Bezug zwischen ihnen?

Lassen Sie die Farben nun außer Acht, und akzeptieren Sie die Tatsache, daß in Ihnen ein Mann und eine Frau oder eine Frau und ein Mann stecken.

Nehmen Sie sich Zeit, um Ihre Aufmerksamkeit abwechselnd auf die beiden zu lenken.

Wie nehmen Sie sie wahr? Wo in Ihnen sind sie zu Hause? Wie sehen sie aus? Bemühen Sie sich, ein Bild von ihnen zu empfangen.

Dann versuchen Sie, das Verhältnis zwischen den beiden zu erforschen. Was halten sie voneinander? Gibt es etwas, das sie sich gerne sagen würden?

Können Sie eine Stelle für ein Treffen der beiden visualisieren? Bitten Sie sie um eine Empfehlung. Wie sieht diese Stelle aus?

Versuchen Sie dann, sich die beiden dort Seite an Seite vorzustellen. Was passiert?

Was sagt Ihr Inneres? Was fühlen Sie ihnen gegenüber?

Gibt es etwas, das die beiden Ihnen anvertrauen wollen – als Satz, als symbolisches Objekt oder als Geste? Was bedeutet es, wenn Sie ihre Geschenke annehmen?

Fragen Sie jeden von ihnen, was sie umgekehrt von Ihnen brauchen, damit Sie die Geschenke wirklich und aufrichtig akzeptieren können.

Jetzt nehmen Sie sich Zeit, um Ihnen alles zu sagen, was Sie gerne sagen möchten.

Dann wenden Sie sich von den beiden ab und richten Ihre Aufmerksamkeit auf Ihr Herz, um dort still zu verweilen.

Danach kommen Sie zurück und machen Ihre Notizen oder Zeichnungen.

Sie können diese Übung beliebig oft wiederholen, mit oder ohne die Farben am Anfang. Das gilt übrigens auch für alle anderen Übungen in diesem Buch. Es ist wichtig, die Übungen aktiv mitzumachen. Gehen Sie dabei stets sehr langsam vor, damit das, was sich herauskristallisieren möchte, genügend Zeit hat. Wenn Sie die Übungen gehetzt ausführen, profitieren Sie deutlich weniger davon. Denn: Die Psyche ist keine Maschine, sondern ein hochsensibles Instrument, bei dem die zeitlichen Abstände individuell abgestimmt sind – genau wie beim Prozeß selbst. Wie Shakespeare meinte: „Die Reife ist alles."

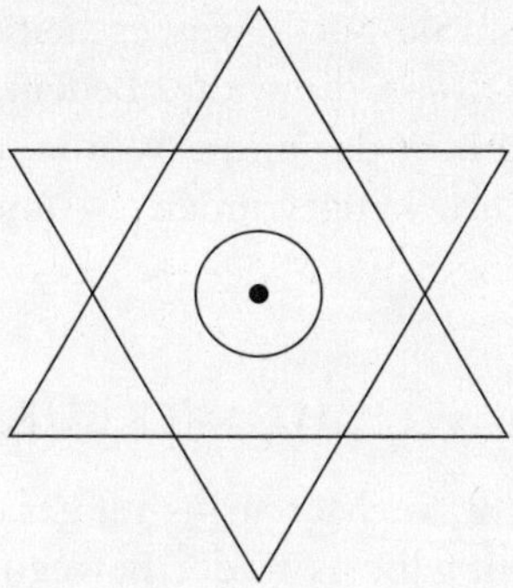

Die *rubedo* ist unermeßlich. Wenn auch nicht das längste, so ist sie doch mit Sicherheit das aufwendigste aller Stadien, sowohl in der Theorie als auch in der Praxis. Sie ist nicht nur für sich genommen gewaltig, sondern sie vereinigt in vielerlei Beziehung sämtliche Stadien des Geringeren und Größeren Werks in sich. In der *mortificatio* am Anfang wiederholt sich die *nigredo*, der Aufstieg und die Läuterung von Sol und Luna wiederholen die *solutio*; die *multiplicatio*, die den Stein „testet", knüpft an die *coagulatio* an, bevor die *projectio* und ihre Auswirkungen – ihre Kreise – uns in die Essenz der *rubedo* führen, in das Herz der Materie, das oben und unten in einem ist.

Im Herzen der *rubedo* (und in ihrem „Geist")[23] stoßen wir auf das ultimative Paradoxon, das wir jedoch im selben Moment überwinden, um – endlich! – zur Einheit von Leben und Tod zu gelangen. Diesen Vorgang können wir in seiner Gesamtheit hier unmöglich erschließen – dazu ist die Dauer eines oder mehrerer Leben notwendig. Doch immerhin erhalten wir eine grobe Struktur und eine (wie Anne Bancroft meinte) „Landkarte verborgener Schätze".[24] Betrachten Sie den „rubinroten" Faden, den königlichen Faden des Herzens, der sich durch Ihr Leben zieht, und fragen Sie sich, wie sehr Sie sich von ihm leiten lassen, wie loyal Sie sind …; überlegen Sie auch, was es heißt, mit sich selbst vermählt zu sein. Denn die wahre Bedeutung dieses Stadiums der Krönung liegt darin, die Würde unseres ursprünglichen Wesens zurückzugewinnen – unseres *königlichen* Wesens.

Und wer ist Mercurius?

Sichtbar oder nicht, ist Mercurius im gesamten Prozeß anwesend – ohne ihn gäbe es weder Bewegung noch Energie. Wie Jung sagt:

> *Mercurius steht am Anfang und am Ende des Werks: Er ist die* prima materia, *der* caput corvi *(Kopf des Raben), die* nigredo; *als Drache verschlingt er sich selbst, und als Drache stirbt er, um als der* lapis *wiederaufzuerstehen. Er ist das Farbenspiel in der* cauda pavonis *und die Teilung in die vier Elemente. Er ist die Hermaphrodite vom Anfang, die in die klassische Bruder-Schwester-Dualität gespalten und in der* coniunctio *neu vereint wird, um am Ende in der strahlenden Form des* lumen novum, *des Steins, wieder aufzutauchen. Er ist metallisch und flüssig, Materie und Geist, kalt und feurig, Gift und Arznei zugleich – als Symbol vereint er sämtliche Gegensätze.*[25]

In gewissem Sinne ist er alles in Personalunion, wobei *Omnipräsenz* seinen Kern wohl noch besser beschreibt. Jung wird mit folgender Aussage aus einem Film über sein Leben, *A Matter of Heart*, zitiert: „Die große Gefahr des Bewußtseins ist seine Einseitigkeit …“.[26] Hier, so glaube ich, kommen wir dem Wesen des Mercurius näher. Durch ihn sind alle Stufen simultan präsent. Wir erkennen ihn sogar in dem Wort „Hermaphrodite“, das die Kombination aus Hermes und der Liebesgöttin Aphrodite bezeichnet.

In der griechischen Mythologie steht hinter ihm Hermes selbst – der Hermes vor Hermes Trismegistos, der Gott der Wanderer, Kaufleute und der Redekunst. Als Bote mit Flügelhelm und Flügelsandalen kann er sich schnell bewegen. Aber er ist auch ein listiger Gauner, aller Schliche mächtig, wie etwa in der Geschichte, wo er Apolls Vieh stiehlt und ihn später mit seinem Leierspiel beschwichtigt. Erst Wunderkind, dann einer der beliebtesten Götter, immer heiter und hilfsbereit, vermag er selbst hartnäckigste Probleme zu lösen. Er ist schnell, fröhlich und düster zugleich. Und er hat viele verschiedene Kinder von vielen verschiedenen Frauen, darunter auch der Hirtengott Pan.

Sein römischer Name entwickelt sich zu *Mercurius* oder „Merkur". Hier wird er vorrangig mit Geld und der Energie, die es verkörpert, assoziiert. Er ist *Quecksilber*, wenn man so will. (Er selbst würde es sicherlich so wollen.)

Die Alchimie setzt seinen Reifeprozeß fort. Wie Asclepius (vor ihm der Gott der Heilkunst) wird er mit dem von einer Schlange umwundenden Äskulapstab (*caduceus*) abgebildet *(siehe Abbildung auf S. 73)*. Die Alchimisten betrachten ihn offenbar ebenfalls als Heiler: Er gilt als der Hauptverantwortliche für psychische Heilung und Ganzheit. Und sie statten ihn mit seriösen Qualitäten aus, die sein ansonsten frisches, unkonventionelles Naturell probat ergänzen.

Worin besteht seine Energie – und warum ist sie für uns so wichtig?

Mercurius ist flüssig, wie Wasser, das über einen Spiegel läuft: Er ist biegsam, verspielt, flexibel, triebstark – und als lösendes Agens (Auflöser oder Löser von Problemen) ist er die Flüssigkeit, der Saft, der unsere Blockaden auflöst und sie als durch Angst verursachte, selbstkreierte Stolpersteine entlarvt. Er ist die Lust, die sich als Lust am Leben selbst entpuppt: Er ist der Drang zu ungehemmter Spontaneität; und sein Genie (und das Geheimnis seiner guten Laune) besteht darin, daß er niemals seinen Sinn für Humor verliert – so schwarz dieser auch manchmal sein mag. In alledem ist er unser *Unterbewußtsein* – das Unbewußte, das allem zugrunde liegt; hier taucht er auch als Leitfaden in unseren Träumen auf, die ja immer Botschaften einer übergeordneten Realität sind.

Seine Flexibilität rührt nicht zuletzt von dem Umstand, daß er sich einer präzisen Definition entzieht: Er läßt sich nicht auf eine einzige Bedeutung festnageln, und seine Heilkunst mag bisweilen einen giftigen, destruktiven Beigeschmack haben, besonders, wenn eine Lebensform für uns abgeschlossen ist.

Was immer wir sind, er tritt garantiert als das Gegenteil auf: Sind wir zu sorglos, bringt er uns zum Grübeln; sind wir zu sehr von sexuellen Trieben gesteuert, weckt er zum Ausgleich unsere Erotik und Sinnlichkeit; sind wir faul und träge, treibt er uns zu sportlicher Ertüchtigung. Er füllt die Lücke. Patrick Harpur, der ihm durch Eileen im *Mercurius* ein Denkmal setzt, konstatiert:

In Wirklichkeit kennen nicht wir Mercurius, sondern er kennt sich selbst durch uns und in uns. Wir nehmen teil an seiner Kenntnis von sich selbst. Wir kennen die Schöpfung lediglich durch Teilnahme an ihrem Prozeß.[27]

Obwohl er zum Leben aufruft, an das Physische appelliert, verkörpert er keine schwere, massive Form der Physikalität: Im Werk *hält er den Stein weich*, damit er nicht zu hart und starr wird. Unabhängig von unserem individuellen Charakter wird Mercurius nie zulassen, daß wir zu Stein werden – zumindest nicht für lange.

Ich habe die ganze Zeit das männliche Pronomen verwendet, aber natürlich läßt sich Mercurius auf kein Geschlecht reduzieren – er ist androgyn, lebt in beiden Geschlechtern, oft sogar leichter in der Frau. Auch zwischen Sol und Luna spielt er eine wichtige, magische Rolle – er neckt, lacht, verzeiht und heilt. Ein männlicher und ein weiblicher Mercurius können eine Menge Spaß miteinander haben.

Doch damit sich der Kreis schließen kann, brauchen wir eine andere Energie, die Mercurius noch übertrifft, und das ist die Sonne. Saturn begleitet Mercurius zwar als sein eigener Schatten, aber es ist die Sonne, die ihn letztlich im *punctum solis* zentriert, in dessen Mitte sein Symbol, sein Zeichen steht:

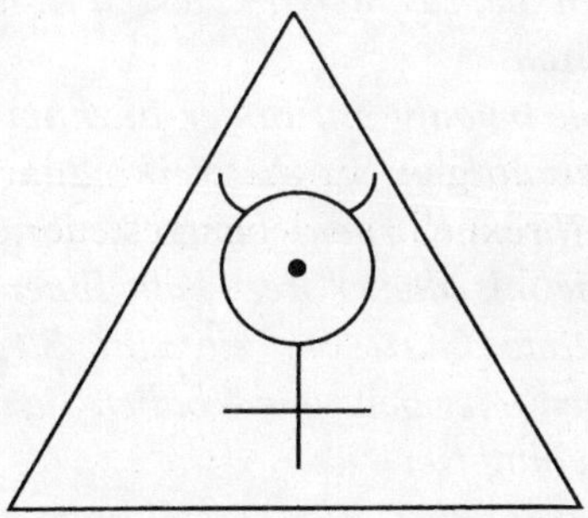

Und hier, an dieser Stelle, wird er nach langer Wanderschaft endlich auch zum Licht: zum Gold, das in uns lebendig ist.

☿

Ich möchte nun eine Übung vorschlagen, die Ihnen hilft, sich Ihrem Mercurius stärker zu öffnen:

Setzen oder legen Sie sich einen Moment still hin, um sich ganz auf Ihren Körper und seine summenden Energieströme zu konzentrieren.

Seien Sie sich der Flüssigkeit in Ihrem Körper, all seiner Säfte, bewußt.

Versuchen Sie, sich mit der Idee eines positiven Schattens in Ihnen zu verbinden – eine positive Seite, die „anders" sein mag als die Person, für die Sie sich gemeinhin halten, und die ans Licht befördert werden will.

Bemühen Sie sich, diese Seite in Ihrem Körper zu spüren. Sendet sie Bilder aus? Wenn Sie Blockaden oder Widerstände merken, atmen Sie in Ihren Körper hinein, und entspannen Sie sich. Seien Sie offen für sämtliche Assoziationen.

Versuchen Sie, sie auch im Herzen ... und dann im Kopf zu spüren.

Achten Sie bewußt auf Bilder, die kommen.

Dann bekräftigen Sie die Verbindung mit dieser Qualität in Ihrem Körper – lassen Sie ihre Energie zu, fühlen Sie sie mit allen Poren. Fällt Ihnen eine natürliche, spontane Geste für sie ein? Sitzen, stehen, knien, dehnen oder bewegen – haben Sie keine Scheu, agieren Sie völlig frei.

Überlegen Sie, was diese Geste Ihnen mitteilen will und wieviel Raum Sie dieser „Schattenseite" in Ihrem Leben zugestehen.

Das ist Ihr Mercurius. Wie gesund oder ungesund ist er bzw. sie? Und wie eingesperrt? Unter Verschluß? Immun? Versuchen Sie, die Balance zu finden. Vergessen Sie nicht, im Schatten sind alle „Monster" die Ungeheuer unserer Vernachlässigung. Wie Freud propagierte: Um anzuerkennen, daß etwas wichtig ist, müssen wir es anfangs womöglich übertreiben. Oder anders ausgedrückt: Möglicherweise tritt es vorübergehend verstärkt auf, da es lange unterdrückt wurde.

☿

Und was bedeutet das alles für uns? Wohin führen uns die *rubedo* und das Ende des Werks? Sie öffnen uns für das Leben – unser Leben – und die Verstofflichung des Geistes. Kein Wunschgedanke, sondern eine Realität, die viele bereits erfahren haben oder in Zukunft erfahren werden. Wie Mutter Meera in ihrem kleinen Band, *Answers*, schrieb:

> *F: Warum ist es wichtig, dem Göttlichen ergeben zu sein?*
>
> *MM: Wenn du ergeben bist, bekommst du alles.*[28]

Eine Freundin, die Poetin Rosemary Palmeira, meinte einmal mitten im Gespräch, als wir dabei waren, uns zu verabschieden: „Übrigens, die Farbe des Himmels ist Rot, nicht Orange, nicht Gelb, ein warmes Rot." Sie hatte sie selbst gesehen, mit ihren Augen und ihrem Herzen, in ihrem Innern.

Die *rubedo* erfordert Distanz und gleichzeitig eine tiefere Anteilnahme, ein intensiveres Verhaftetsein im Selbst. Die Alchimisten behaupten, zu diesem Zeitpunkt sei der Stein im Kolben so stark und gefestigt, daß er selbst ein Aufbrechen des Verschlusses schadlos verkraften würde.

Trotzdem kann es natürlich sein, daß wir, sollte es doch noch an etwas fehlen, *in* den Prozeß zurückgeholt werden. Ich habe das selbst erlebt. Unsere vermeintliche *rubedo* entpuppt sich dann als eine *solutio*, die weiterer Koagulation bedarf, bevor sie wieder real werden kann. Und so dreht sich das Rad weiter.

Einer der Hinweise, die zeigen, daß wir uns in der *rubedo* befinden, ist die Tatsache, daß Geist und Materie die gleiche Wichtigkeit erhalten. Zum Beispiel können wir von einer metaphysischen Diskussion sofort auf Alltagsbelange umschalten, etwa wenn uns einfällt, daß wir noch eine wichtige Besorgung machen müssen.

In der *rubedo* lassen wir uns vom Geist führen, lenken, ja wir gehorchen ihm sogar, wenn er – allgegenwärtig – zu uns spricht. Denn um ihn dreht sich letztlich alles.

Die Vermählung mit uns selbst ist ein weiterer *rubedo*-Hinweis, und an diesem „Eindringen in uns selbst" spüren wir ganz direkt, am eigenen Leib, wie schwierig es ist, den Stein zu erzeugen. Der Schmerz kriecht uns schier unter die Haut. In der *rubedo* leben wir allein, indem wir *mit* oder *in* uns leben – unabhängig von unserer tatsächlichen Lebenssituation. Der Kolben wird unser Zentrum, vom Stein gehen wir aus und kehren zu ihm zurück. Wie Ted Hughes einmal freimütig formulierte: „Endlich lernt man sich selbst richtig kennen."[29]

Und wir leben für unser Selbst. Eine andere Seminarteilnehmerin bekannte: „Mein Leben gehört nicht mehr einfach nur mir." Sie fügte an, daß sie das Gefühl habe, sich selbst „aus dem Weg räumen" zu müssen – ein Hinweis auf die Verpflichtung, unser Leben bewußt in die Hand zu nehmen.

In der *rubedo* verlagert sich der Schwerpunkt vom Solar plexus hoch zum Herzen, wodurch der Geschlechtsakt eine andere Intention erhält. Die Vermählung geht über die Sexualität als primäre Motivation und Triebfeder hinaus. Der sexuelle Akt wird wie im Tantra zum Leiter einer weitaus stärkeren Energie, läßt dem Gefühl viel mehr Raum, so daß unsere Sexualität sowohl befreit als auch – in der Liebe wie in der Freundschaft – um eine durch Offenheit und Respekt geprägte Kameradschaft ergänzt wird. Diese menschliche Komponente unterstreicht June Singer:

> *Ohne ein Gefühl der Spaltung wird die Person zugleich sanft und hart; flexibel und stark; vage und präzise, fokussiert im Denken, aber verschwommen im Bewußtsein, nährend und lenkend, gebend und nehmend. Ähnlich wie ein meisterhaft vorgetragenes*

Duett von Klavier und Geige, bei dem man weniger die zwei verschiedenen Instrumente als ihr harmonisches Zusammenspiel hört.[30]

Sexualität wird zur Musik, zur Sprache des Gefühls. Schönheit.

Darüber hinaus öffnet dieses Bewußtseinsstadium die Tür zu einer expandierten Form des Liebens, die über die kleinlich-spießige „Pärchenbildung" und ihre isolierte Exklusivität, die den Schatten der *solutio* ausmacht, hinausgeht. Hier erkennen wir, daß die wahre Romantik der Liebe uns alle integriert – vor allem jetzt – und die *rubedo* eine neue Vorgehensweise propagiert, deren Zeit gekommen ist. Wir sind eingeladen, Neuland zu betreten – ein noch unberührtes Terrain, wo, wie bereits erwähnt, die Vermählung uns allen innewohnt, unsere Partnerschaften im Schmelztiegel des neuentfachten Feuers mehr einfordern, aber auch bedeutend mehr aus uns herausholen. Während wir wachsen in unserer Individualität, wird die Liebe unser Geleit, unser Ausdruck und unsere Disziplinargewalt.

Die Liebe, die wir besitzen und teilen, wird uns als Teil einer größeren Liebe geschenkt: einer gewaltigen, allumfassenden Liebe, die die Liebe von Gott in Aktion ist. Und Aktion bringt uns zur Erde zurück. So nah wie wir dem Himmel auch kommen – wir brauchen die Erde. Ein bekanntes Zen-Sprichtwort drückt dies so aus:

Vor der Erleuchtung Holz hacken und Wasser tragen.
Nach der Erleuchtung Holz hacken und Wasser tragen.

Und zum Ausklang der Geschichte von *The Chymical Wedding of Christian Rozencreutz*, wird Christian, nach allem, was er durchgemacht hat, zum Portier berufen – ein Wächter an einer der Pforten auf Geheiß des Königs.

Die *rubedo* inspiriert uns zu einer Mentalität des Dienens und der Nächstenliebe. Statt nur an uns zu denken, sollen wir, was immer wir tun, für andere tun. In seinem „Code Poem for the French Resistance" bemerkt Leo Marks:

Ich habe nichts als mein Leben –
und mein Leben gehört dir.[31]

Eine passionierte Bescheidenheit bis hin zur Anonymität, die sich weit über das Ego erhebt. Es spielt keine Rolle, wer ich bin; es zählt nur, was *wir* erreichen. In der *rubedo* können wir unseren eigenen Prozeß hinter uns lassen, obwohl wir natürlich unser Leben lang in unserem persönlichen Prozeß verwickelt bleiben. Ein starkes Band verbindet uns mit allen Menschen: Wir begrüßen das Gold in ihnen und leben das Gold in uns.

Das buddhistische Äquivalent hierzu ist der Bodhisattva-Schwur: Der Erleuchtete wählt freiwillig, solange im Kreislauf der Geburten zu bleiben, bis *alle* ihr inneres Licht, ihre Sonne gefunden haben. Die *rubedo* meint hier beide Welten: Erde und Himmel, Himmel und Erde, verbunden zu einem einzigen Reich, in dem es keine Grenzen gibt, wo die Fenster der Wahrnehmung glasklar sind, Horizontale und Vertikale sich treffen – und wir beginnen, in das Herz der Rose zu sehen.

Der ständig näherkommt

Wer ist das, der da ständig näherkommt?
Es ist der Mann im Frachtraum des Schiffes.
Es ist, was der Körper kennt, was er festhält.

Und der, der ständig näherkommt:
Ah, das ist der Spontane, Quecksilberige,
gefangen in der Zedernwurzel auf dem Senfsamen.

Er ist niemand, den wir kennen, ist nicht Jehovah
und auch kein Hermelin-geschmückter König.
Er ist einer, der näher ist als nah,
näher als ein Fingernagel.

Sind wir denn alle religiös? Muß wohl so sein.
Wir kennen ihn, wir sehen ihn,
wir halten ihn tagtäglich.

Er ist der, der ständig näherkommt.

ROBERT BLY

KAPITEL 8

ROSA MUNDI

Es ist die Glorie Gottes, die Dinge zu verhüllen;
Aber die Ehre der Könige, die Materie zu erforschen.
Die Höhe des Himmels, die Tiefe der Erde;
Und das Herz der Könige ist unerforschlich.
Entfernet das Gekrätz vom Silber,
Und ein feineres Gefäß wird ans Licht kommen.
SPRÜCHE 25:2–4

So wie die ursprüngliche Weisheit sich jetzt in sämtlichen Kräften der Natur enthüllt, überall in der sinnlich erfahrbaren Außenwelt dieser Erde, so wird in Zukunft die Liebe offenbar werden – die Liebe als neue Naturgewalt, die in allem lebt, das den Menschen umgibt. Das ist das Geheimnis aller künftigen Evolution.
RUDOLF STEINER, OKKULTE WISSENSCHAFT

Aber jetzt ist es. IST,
Amen.
RAINER MARIA RILKE
(NACH BEENDIGUNG DER DUINESER ELEGIEN)

Wir sind nicht die Botschaft … wir sind die Boten …
Die Botschaft ist Liebe.
WIM WENDERS, „IN WEITER FERNE SO NAH“

☿

DAT ROSA MEL APIBUS.

☿

ROSA MUNDI

Eine Welt, ein Königreich.

Wenn eine Rose in der Brust jedes Mannes und jeder Frau erblüht, dann werden wir sehen, wie wir am Anfang sahen. Wir werden berühren und fühlen, schmecken und genießen, riechen und verweilen und die Seele des Klangs hören. Wir werden uns erinnern, wie wir einst fühlten und immer noch fühlen, und wir werden sehen, daß wir jahrhundertelang so waren. Wir werden nach innen blicken und helles Blut sehen – Rosen-Blut –, und wir werden die geheimen Licht*linien* zwischen uns erkennen, die sich über Städte, Meere und Kontinente spannen.

Wir werden sehen, wie wir jede Art von Rose waren – sein mußten: Liebesrose, als Liebende; Wüstenrose, im Unbekannten; Todesrose, voll Trauer; Nichts-Rose, mit Nichts zum Zeigen. Und in jeder neuen Rose, deren Knospe intakt ist und die sich in ihrem Saft regt, werden wir erkennen: Hinter allem steckt Liebe. Liebe in jedem Partikel. Liebe.

Und wer sind wir, wenn wir uns lächelnd in jedes lebende Bild drängen? Wir sind ein Rosengarten.

Erinnerst du dich, als du uns im Himmel in einer Blume stehen sahst und ihre Blütenblätter unsere Gesichter waren, strahlend in weißen, warmen Flammen? Und wie es weder

Heirat noch Geben in der Heirat gab, und wir trotzdem alle zusammen waren und unsere Liebe dem EINEN galt?

Was du sahst, war kein Traum, sondern unser künftiges Selbst, so weit entfernt es auch scheint, durch all das Leben und Sterben: auf einer Reise, die uns mehr wir selbst werden, unsere Herzen mehr zum „Herzen von Allem“ reifen läßt.

Denn nur das Herz kann sehen, wer wir wirklich sind: Nur das Herz kann das wahre Gold erkennen.

Rosa. Rose. Sei jetzt offen.

Und wir werden sehen, daß wir eine Sippe, eine Gemeinschaft sind, während die Kreise austreten und sich verbünden. Wir werden sehen, wie wir alle ineinander eintreten – als Geschenke, die sich widerspiegeln und komplettieren –, und wie wir alle einzigartige Winkel des Zentrums sind. Und wir werden sehen, während wir uns in der Stille des Teilens und Berührens bewegen und miteinander sprechen, daß wir nur durch Verflechten die Rose bilden können. Und alle unsere Bindungen werden verblassen, so wie unsere Eifersucht sterben muß. Die Schlange in unseren Augen wird sterben, während der Adler erwacht. Und wir werden erkennen, daß alles Leid und Weh einem einzigen Ziel diente: in unseren Herzen gegenseitig in Gott zu leben.

Hier beginnt das „Neue Lieben“; die Liebe, die wir kannten, die Liebe, die echt ist.

Die Rose mit ihrem Weinduft wie Tau – kannst du ihn spüren, einatmen, jetzt?

Rot. Weiß. Rot. Gold.

In der Liebe wohnt ein Feuer, im Feuer wohnt eine Flamme. Und in der Flamme wohnt ein anderer, der uns seit jeher kennt. Er kennt sie jetzt, sie kennt seinen Namen. Und in dem Gesicht hinter unserem Gesicht, in der Stimme in unserer Stimme, sammelt sich Licht, während unsere Augen sich erneut begegnen.

Sie kann ihn bis an die Ränder seines Lebens dehnen. Und er kann sie in die Tiefe ihres Feuers entführen.

Und wer sind sie? Die, die bereit sind, zu lieben, sich allen Menschen und dem Kern ihres Wesens zu öffnen.

Seine Augen sehen sie, wie sie ist; ihre Hände fühlen ihn, wie er ist. Das Sehen und Fühlen ist in ihnen und über ihnen, wie ein Stern. Sie folgen einer tanzenden Flamme in die Dunkelheit, die Tageslicht ist, lesen die Zeichen und lernen, zu vertrauen. Denn was sie *leben*, ist Licht. Es ist Licht, aber nicht einmal ihre Liebe kann es ergründen. Es bewegt sich mit eigenem Leben, atmet.

Sie ist ein Ding und sie ist viele, in sich selbst verflochten, eins und viele, während wir alle zusammen tanzen. Einer nach dem anderen auf der Reise, die Liebe ist; Liebende um Liebende, die Sternnebel, fleischige Wiese und Stein sind.

In der Rose sind wir alle Liebende.

Das ist das Wunder von Rot und Weiß und ihrer Begegnung … im rauchigen, rosageäderten Quartz des Kristalls: der andere Körper, den sie im Liebesakt zeugen, dieser Körper, den sie verlassen und zu dem sie zurückkehren, während er heranwächst

stumm im leeren Raum zwischen ihnen
in der Rose, dem Kreuz
von Himmel und Erde,
während sie stehen:

Oben in dem warmen Strahl der Luft warten die Boten, die Arme und Hände ausgestreckt, behende, wie die Vögel uns immer erzählt haben. Und du fühlst sie im stehenden Licht hinter deinen Augen, ihre zarte Berührung, ihr Pulsieren durch die Poren deiner Haut, wo sie und die erweckten Toten und wir und die lebenden Toten eins sind, während sich der Schirm unserer Sinne aufrichtet:

Sieh in diesen Kolben kostbarer Erde, zwischen Wolkenstreifen und Küstenstrichen, ein Kaleidoskop

aus Regenbogenfarben, im Tageslicht unter der Kuppel des Himmels strahlend,

sieh zwischen die Gänge der Supermärkte und die Kolonnen voll Autos; Gesichter, heimatlos, seufzend, träumend, rufend … Erde, gleißend grün, von Abfällen verschmutzt, vernarbt … goldene Erntefelder und darbende Wüsten … Luftballons wie Drachen glitzernd und vom Krieg zerfetzte Leitungen … Delphine, die springen, und Tierarten, die aussterben … Nächte, in denen der Mond scheint, und Nächte, die rot sind … Schwüre, zerbrochen wie Glas … erstickte Lustschreie und Schreie von Qual und Tortur

blubbernd, fermentierend, gerinnend
gekreuzigt und aufsteigend
um in der Gnade des Regens zu fallen

Und sieh, während dein Herz sich fragt *oh wann?*, wie all das sein muß, bevor es sein kann – bevor wir wieder fühlen, den Weg des Herzens, das Leben wählen können

und gehe, wie wir gehen, fühlend, sehend, wie sehr diese Erde
uns entblößt,
aufsteigend;

Blaue Rose
Rose der Winde
Rosen-Fenster
Rosen-Weisheit
Rosarium

– in diese Schlucht, durch das Tor, hinter dem dein Herz frei wird; wo es dein Gesicht findet, ohne Spiegel, aber mit Gefühl; *wo heimlich eine Rose in dir erblüht ist*;

Wo dir der Schlüssel unerwartet gegeben wird; der aufgeschüttete Kies funkelt, die Wellen weiß schäumen und die Sonnenstrahlen schräg fallen, und du eine Stimme sagen hörst: „Gib dich dem ewig hin, in jeder Minute, denn jeder Moment ist das Leben, das du immer oder niemals leben wirst …“

– gib, und die Rose öffnet sich; nimm, und die Rose ist schön, ohne sich ihrer Schönheit zu schämen, ist hier und jetzt, wie die Vögel und der Wind, und SIE IST:

Hagebuttenrot und Weißdorn-Blutrot
Schwarzdorn-Weiß und Blaßrosa, Pfirsichweiß

diese klare, helle, namenlose Rose, die du wählst;

Und sie ist ein Schritt in der Einsamkeit, im „Eins-Sein“,
in das Herz des Kreises, das seine Mitte ist,

wo jede Schicht wie die einer Zwiebel entfernt wird;
bis nur dein Herz der Herzen übrig ist:

Und sie ist:
der Geschmack wie Wein, den du auf der Zunge schmeckst

Und sie ist:
deine brennende Stimme, die sich zu Schwanen-kehligem Gesang erhebt

Und sie ist:
im Klang der galoppierenden Hufe
Und sie ist: in dem Mann und der Frau, die mit dir Liebe machen

Und sie ist in unserem tiefsten, echten Gebet – sie ist unsere Erinnerung, laut zu loben und zu preisen – und sie ist die Art, wie unser Denken und Fühlen sich ändert

jetzt

Und sie ist dein Gesicht, das strahlt wie die Sonne

Und sie ist unsere Erkenntnis: „Alles ist Liebe – alles“

Und sie ist
wenn wir unseren klaren, erleuchteten Traum erkennen

voller Ehrfurcht – über die Felder von Nebel, Licht und karmesinrotem Himmel – vor dem „großen Bauplan“

Und sie ist diese Rose des Lichts

Und sie ist die Membran, die sich zu dehnen beginnt

Sie ist das Dorf, das wie ein Juwel in der eisigen Luft funkelt

Und sie ist der Brief, den du aufreißt

Sie ist ihre rote Knospe und ihr Stiel, die den letzten Schleier, die letzte Barriere durchbohren

Wenn du die Glocke in deinem Herzen wie eine Zunge schlagen hörst:

„Öffne deine Arme und stehe, wo du bist“

Und sie ist das Rosen-Lied der Lieder, das hervorbricht, sich ausgießt,
um dann in ruhigem Balsam zu fließen:

Sie ist die Melodie der Herzenssphären, die klingen und antworten,
Gefühl für Gefühl, schallend

Sie ist eine stattliche Rose, deren fächerförmiges Licht alles überzieht

– während wir zur Mitte des Kreises reisen

der formloses Licht, das Atmen zwischen uns ist

modelliert wie wir in den Konturen unserer Haut

in allem wird unser Atmen-Fühlen-Atmen zu demselben

einen Körper

in Dir

Gott der Liebe
im Apex

wo Du in uns bist und wir bist
in dieser Kommunion, die wir empfangen

Und sie dreht und dreht und dreht sich

Oben und unten verschmelzen jenseits der Imagination

Und dann geht sie über alle Worte, über jeden Ton hinaus
…
sie geht zu dem Ort, wo Liebe Lieben durch uns ist

Und sie ist die Krone
über unseren Köpfen, tief verwurzelt in unserem träumenden Fleisch

Eine Welt, ein Königreich

Welt ohne Ende

Wo wir ins Licht unseres Seins gehen.

KAPITEL 9

DAS ENDE:

SUMMA

„Ist das das Eine, was ich noch wissen mußte?"

„Nein", antwortete der Alchimist. „Was Du noch wissen mußt, ist dies: Bevor ein Traum realisiert wird, prüft die Seele der Welt alles, was wir auf unserem Weg gelernt haben. Nicht weil sie niederträchtig wäre, sondern damit wir, außer unsere Träume zu realisieren, auch die Lektionen meistern, die wir in der Annäherung an unseren Traum gelernt haben. Und das ist eben der Moment, wo die meisten aufgeben. Der Moment, wo, wie wir in der Sprache der Wüste sagen, man „am Durst stirbt, just wenn die ersten Palmen am Horizont auftauchen".

„Jede Suche beginnt mit dem Glück des Anfängers. Und endet mit der harten Prüfung des Siegers."

Der Junge erinnerte sich an ein altes Sprichwort aus seinem Land, in dem es hieß, kurz vor der Dämmerung sei die Nacht am dunkelsten.

PAULO COELHO, THE ALCHEMIST

☿

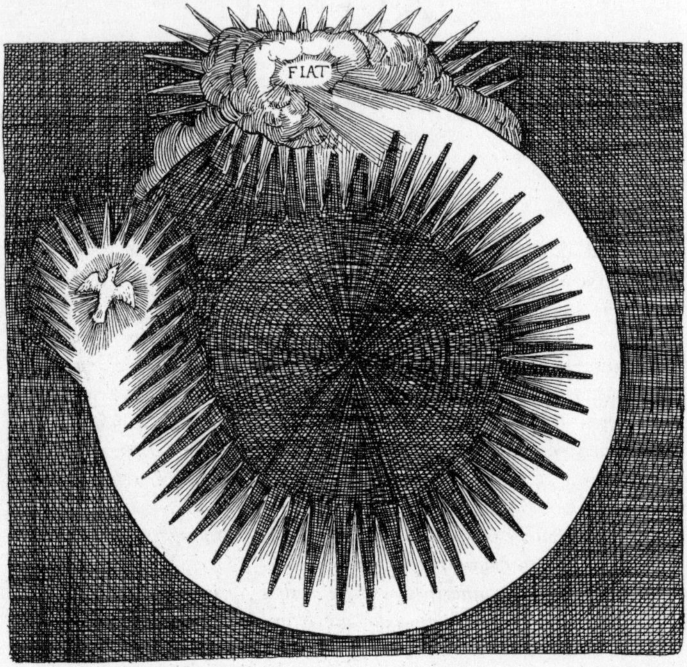
FIAT

☿

SUMMA

Eng ist die Pforte zur heiligen Stätte –
die Tür zum Herzen trägt ihr Schlüsselloch.

Zum Abschluß wollen wir die zurückgelegte Reise, die das *Magnum Opus* oder Große Werk repräsentiert, noch einmal Revue passieren lassen – einschließlich aller Erfahrungen und Einsichten, die wir hoffentlich in ihrem Verlauf gewonnen haben.

Wie die Astrologin und Psychotherapeutin Liz Greene vorschlägt, können wir den Prozeß auch als Spirale verstehen, bei der jedesmal, wenn wir „ihn etwas zurückgehen" oder ein Aspekt seiner Stadien oder Phasen „wiederkehrt", ein Stückchen mehr vom Stein gebildet wird. Es handelt sich also um einen Prozeß, den wir mit zunehmender Klarheit etliche Male wiederholen können. Sie fügt hinzu:

> *... und sobald nur ein kleines Stück davon da ist, leiden wir nicht mehr in der gleichen Weise. Vielleicht leiden wir gar nicht mehr, jedenfalls nicht im herkömmlichen Sinne, weil wir uns in permanenter Kooperation mit den Geschehnissen befinden und das Gefühl einer freien Wahl haben. Aber ja, ich glaube sehr wohl, daß wir in unseren individuellen Mythen den gleichen Charakteren begegnen und die gleichen charakteristischen Erfahrungen machen, die unser größter Ansporn zum Wachsen sind.*[1]

Wir können das in Anlehnung an die von den Alchimisten zitierte ringförmige Anordnung der Planeten mit dem Saturn ganz außen und der Sonne im Zentrum so veranschaulichen:

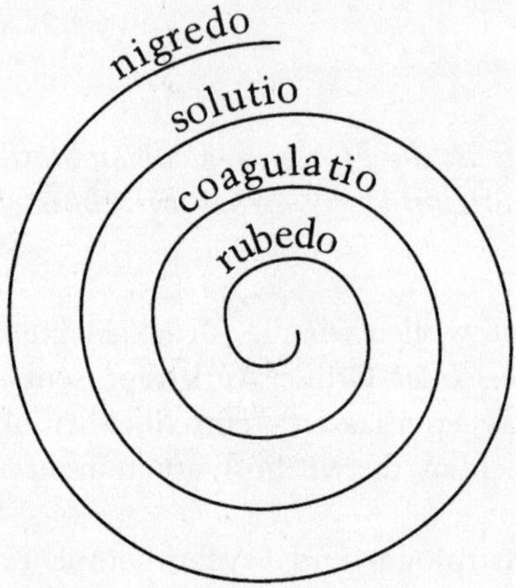

Während der Prozeß in seiner Struktur linear ist und uns seine Abwicklung als sequentielle Abfolge erscheint, gestaltet er sich im tatsächlichen Leben ganz anders. Carole Bruce erinnert sich an ihre Krankheitserfahrung: „Ich wurde aufgelöst, gereinigt und geerdet – alles gleichzeitig.[2]

Der Prozeß ist also multidimensional zu verstehen – wie ein Hologramm –, zumal wir ja gleichzeitig auf allen verschiedenen Stufen unseres Seins leben. Und auch das Leben selbst ist, wie wir nur allzu gut wissen, niemals statisch, sondern in ständigem Wandel begriffen, und während das Rad sich dreht, können wir Abschnitte des Werks häufiger wiederholen, sofern wir es müssen. Auch ist gut möglich, daß wir das müssen, ohne es zu *wollen* oder uns über die Notwendigkeit im klaren zu sein. Doch unser „höheres Selbst" weiß in der Regel *sehr wohl*, was nötig ist, und das zeichnet sich gegen Ende des Prozesses immer realer ab: Unser höheres Selbst ist im Stein verkörperlicht und Teil seiner Funktion. Wann immer wir uns über unseren normalen Intellekt erheben, benutzen wir den Stein. Und wir können ihn täglich benutzen, indem wir erkennen, daß das Konzept der Führung immer über die emotionale Ebene, das Auf und Ab unmittelbarer Leidenschaften erhaben ist.

Immer wieder sind Geduld und Gebet erforderlich – wie jeder Alchimist weiß. Immer das.

Wäre es möglich, daß wir wieder verlieren, was wir gewonnen haben? Einerseits nein. Wie Bob Moore sagte: „Unsere Erfahrungen vergessen uns nie.“[3] Aber gewiß können wir den Bezug zu ihnen verlieren, und daher müssen wir einsehen, daß wir ständiger „Selbst-Wartung“ bedürfen – was immer das erfordern mag. Wir dürfen uns nicht auf unseren Lorbeeren ausruhen, wobei weder Alchimie noch irgendein anderes Konstrukt spiritueller Reife überhaupt Lorbeeren anbietet: Es gibt nur die Selbsterneuerung, wie bei den Jahreszeiten.

Auch *wer* wir sind – wer Sie und ich letztendlich sind –, bleibt ein Mysterium – egal, wie gut wir uns auf menschlicher Ebene kennen. Oscar Wilde schrieb vor einem Jahrhundert:

> *Das letzte Mysterium ist man selbst. Wenn man die Sonne gewogen, die Schritte des Mondes gemessen und die sieben Himmel Stern für Stern aufgezeichnet hat, bleibt immer noch man selbst. Wer könnte die Umlaufbahn der eigenen Seele berechnen?*[4]

Selbst in unserem von Selbsterfahrung und Therapie geprägten Zeitalter trifft diese Aussage noch immer zu. Wir entdecken ferner: Was in uns permanent ist, kann nur funktionieren, wenn wir es benutzen oder weitergeben. Und darüber hinaus wohnt in uns allen ein mit Worten nicht faßbares Schweigen, ein Schweigen, in dem wir auch „in Gott" sind.

Wenn wir eines Tages *wissen*, stellen wir fest, daß wir auch lebten, weil wir es nicht taten. Die Geste des Geheimnisses und die offene Geste des Werks bleiben. Wir müssen sie ausfüllen, indem wir sie leben.

☿

Es folgt eine Auflistung der absolvierten Schritte oder Stadien. Nachdem Sie sie überflogen haben, können Sie sich Ihre Reise in ihrer Gesamtheit noch einmal vor Augen rufen. Natürlich können Sie auch in Zukunft immer wieder auf sie zurückkommen. Außerdem wäre es sinnvoll, wenn Sie zu diesem Zeitpunkt den Text der *Smaragdtafel* *(siehe S. 12 f.)* erneut lesen würden: Was sagt er Ihnen jetzt? Sie können auch unter „Ausgewählter Literatur" *(siehe S. 221)* und „Weitere Informationen" *(siehe S. 227)* nach Anregungen suchen, wie Sie Ihre Reise von hier aus fortsetzen, Alchimie in sich leben können.

Das Magnum Opus[5]

Die Präparation:
Die Reise zur Inneren Mine
(nach innen, nach unten)
Die Suche nach der *prima materia*
(die Erde: unsere Materie, unser Ballast)
Das Geheime Feuer
(Meditation, Kontemplation)
Der Kolben
(unser Gefäß, unser Behältnis)

Das Geringere Werk:

Nigredo
(Saturn)
Sterben, Niedergang, Schwärzung
Tod des Egos
Putrefaktion
Die erste *coniunctio* von Sol und Luna
(untransformierte, sexuelle Liebe)
Das Residuum der Asche
(Seele)

Solutio
(Jupiter, Mond)
Befreiung, Aufstieg, Weißung
Die Reinigung der Seele
Purifikation
Die zweite *coniunctio* von Sol und Luna
(Verschmelzung, Auflösung, romantische Liebe)
Der weiße Stein
(religiöser Glaube, Christus)

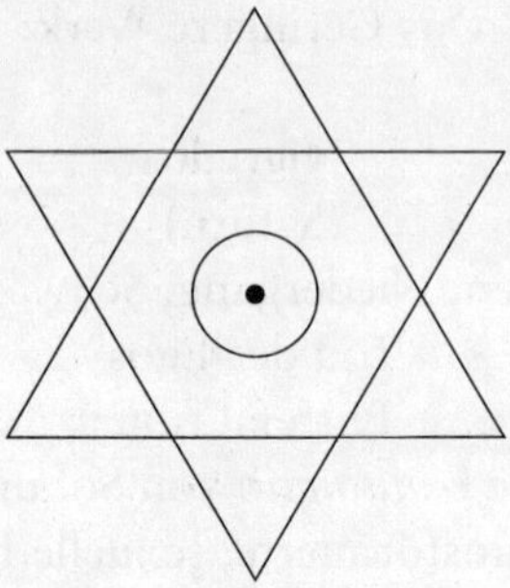

Das Größere Werk:

Coagulatio
(Venus und Mars)
Nivellierung, Gelbung
Rückkehr zum Ego, zum Selbst
Erdung
Venus:
fermentatio
(Sinken)
illuminatio
(Erwachen)
nutrimentum
(Nährung)

Mars:
fixatio
(Stärkung)
multiplicatio
(Ausbreitung)
revificatio
(Wiederauferstehung)
Präparation des Steins
Die dritte *coniunctio* von Sol und Luna
(reife, erwachsene, differenzierte Liebe)

Rubedo
(Sonne)
Herunterkommen, Aufsteigen, Rötung
Krone, Fülle des Steins, Einheit
mortificatio
(Seelen-Wunde, Sterblichkeit)
Geburt des *filius macrocosmi*
(universelles Bewußtsein: das Kind, der Stein)
multiplicatio
(Horizontale)
projectio
(Vertikale)
Die vierte *coniunctio* und Königliche Hochzeit
oder Himmlische Vermählung von Sol und Luna
Rex und Regina, König und Königin
(spiritualisierte Liebe, Androgynie)
Einheit
Kreise, die ausgesendet werden,
und der Kreis, der sich schließt:
(die Schlange *ouroboros*)
Befreiung aus dem Kolben
(„in die Welt, aber nicht von ihr")
Verpflichtung – Dienen – EINS-Sein
(Verkörperlichung des Geistes)

LADANIUM
ZD
ZT
Herbarium
606
Quinta Essentia
Misterium Eternitales
Astronomia
Natura Rerum
Archidoxa
Biblia
Mutatio
RB

ANHANG

ALCHIMIE & TANTRA:

DIE VERSCHMELZUNG VON OST UND WEST

Wenn wir etwas Positives mit unserem Leben anfangen wollen, brauchen wir darum eine Methode, die mindestens genauso machtvoll ist wie die konfusen materialistischen Energien, die uns gefangen halten.

LAMA THUBTEN YESHE

Wenn ein Mann und eine Frau zutiefst entspannt miteinander sind, sich einfach begegnen, gegenseitig absorbieren – ohne jede Eile oder Anspannung –, dann geschehen viele Dinge, alchimistische Dinge – denn ihre Lebenssäfte treffen sich, ihre Elektrizität, ihre Bioenergien treffen sich.

BHAGWAN SHREE RAJNEESH

Ich hatte nicht das Gefühl, daß mein eigenes Ich es erzeugte. Es war eher etwas Ätherisches, etwas, das außerhalb meines Körpers stattfand, ihn umgab. Ein Energiefluß, eine Präsenz, in der sich dieses Schauspiel abspielte. Diese archetypische Liebe, dieses Sinnbild der Liebe geschah innerhalb dieser Präsenz, einer sehr ruhigen, entspannten Präsenz.

DELL SOKOL, „SPIRITUAL BREAKTHROUGH IN SEX“
(RAMSEYS ERZÄHLUNG)

☿

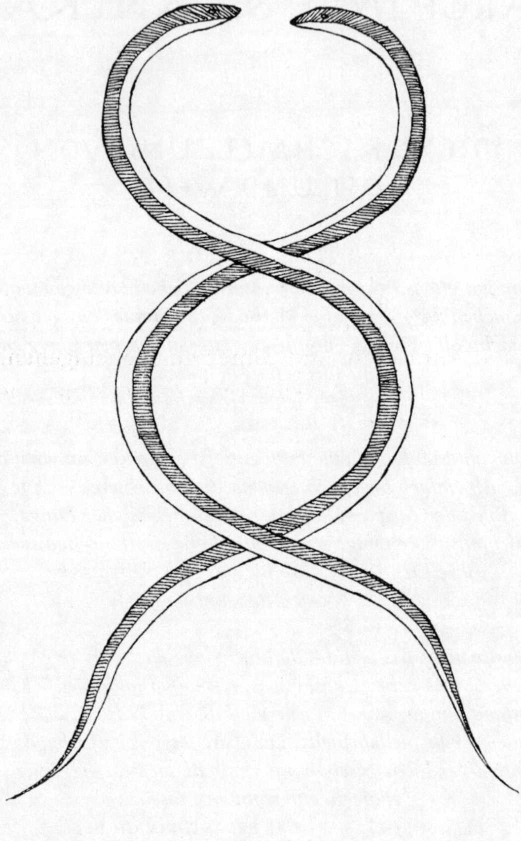

☿

DIE VERSCHMELZUNG VON OST UND WEST

Eine erschöpfende Gegenüberstellung von Alchimie und Tantra wäre ein Buch für sich, aber zumal ich Tantra mehrmals erwähnt habe, möchte ich an dieser Stelle kurz auf die wichtigsten Parallelen und Unterschiede eingehen. Beide „Systeme" überlappen sich auf reale und faszinierende Weise – wie die zwei Kreise einer Beziehung, die sich, obwohl eigenständig und voneinander abgegrenzt, gegenseitig erhellen und kräftigen.

Alchimie und Tantra haben sehr ähnliche Wurzeln, historisch und geographisch (in Indien) gesehen und auch was ihre Essenz, die Ort und Zeit vorausgeht und zugleich transzendiert, anbetrifft. Zwischen beiden besteht eine wichtige Brücke, die, so glaube ich, auf eine größere potentielle Ganzheit zwischen westlicher und östlicher Denkweise hindeutet.

Einige unmittelbare Parallelen sind offensichtlich. Philip Rawson betont,[1] daß Tantra nicht eine Religion als solche genannt werden kann – ebenso wenig wie Alchimie. Beide verhalten sich etablierten Denkweisen gegenüber radikal; beide wurden wiederholt als ketzerisch und skandalös verurteilt. Beide messen der Sexualität einzigartige Bedeutung bei – als Transformationserfahrung und Ausdruck von Nicht-Dualität. Beide unterstreichen die Wichtigkeit des *Prozesses,* die im Tantra mit seiner Vorstellung einer „verwobenen“ Gegenwart noch vertieft wird. Beide verwenden Bilder (im Tantra *yantras* genannt), um zu illustrieren, was sich mit sprachlichen Mitteln nicht fassen läßt. In beiden indizieren die Farben Rot und Weiß das Maskuline bzw. Feminine, wobei es im Tantra umgekehrt ist: Weiß steht für maskulin, Rot für feminin. In beiden spielt die Schlange als Symbol für sexuelle und spirituelle Energie eine zentrale Rolle. Beide sehen den Körper als wesentlich im Sinne einer verkörperlichten Spiritualität – und beide bekennen sich zur Geheimhaltung aus Gründen des Schutzes und der Konzentration. Grundvoraussetzung beider Prozesse ist der Kolben, der einen abgeriegelten, heiligen Raum bietet: In beiden gilt der Tempel des Körpers als heilig. Und die vielleicht frappierendste Parallele: Sowohl in der Alchimie als auch im Tantra wird die ursprüngliche Einheit durch einen Stein symbolisiert.

Das Wort *tantra* bedeutet „weben“ oder „verwoben“, was auf das Permanente im Wandel und eine Qualität ohne Ende anspielt, die immer weitergeht – wie der Fluß, der fließt, oder der Regen, der zwischen Verdampfung und Niederschlag zirkuliert. Im Tantra ist das sowohl natürlich als auch übernatürlich zu verstehen.[2] Das eine enthüllt die Realität des anderen, im Bewußtsein und durch den Körper.

Den Kern der tantrischen Sicht bildet der Glaube, daß unser essentielles Wesen klar und rein ist. Eine Glückseligkeit, die allem zugrunde liegt, das Gold, das zur Erleuchtung bzw. in der Alchimie zur Nicht-Dualität oder Ganzheit führt. Wie Alchimie setzt auch Tantra auf die eigene Erfahrung statt auf Dogmen. Es geht hier nicht um etwas Intellektuelles oder Rationelles, sondern um etwas, das tiefer, größer und einfacher ist. Und wie Alchimie behauptet auch Tantra, daß dieses Gold in uns liegt, daß wir es im Hier und Jetzt leben sollen. Gleichzeitig hebt es uns über das normale Leben hinaus in eine andere Dimension.

Tantra strebt in diesem Sinne direkt nach der *rubedo*, und seine zentrale These, die „Rückkehr zur Quelle" (*paravritti*), ist im Grunde nichts anderes, als was in der *projectio* geschieht. Gleichzeitig erkennt Tantra, was uns hier im Bereich der *samsara* oder Weltlichkeit – von der Alchimie als „Ego" bezeichnet – davon trennt: unsere Wünsche, Begierden, Ansprüche, Phantasien, vor allem unsere habgierigen Anhaftungen. Doch Tantra und Alchimie wissen beide, wenn wir sie nicht unterdrücken oder leugnen, sondern anerkennen und integrieren, liefern diese Anhaftungen den Brennstoff für ihre eigene Transmutation. Sie können sich verwandeln. Wut kann in Mitgefühl, Vergnügungssucht in Bewußtsein und emotionale Restriktion in ein großzügiges „Zulassen" transformiert werden. Jedes Bewußtseinsstadium und jede Emotion kann, um mit Lama Yeshe zu sprechen, „eine tiefe, penetrierende Erfahrung" werden, die auch die Fähigkeit zur Flexibilität und „Quecksilbrigkeit" involviert.

Tantra ist demnach kein Pfad der Verweigerung, sondern der Annahme und Umarmung. Und hier liegt auch seine Radikalität. Das Vergnügen ist nicht das Problem, sondern unsere Abhängigkeit davon. Alles im Leben kann uns zu einem Bewußtsein der Essenz verhelfen. Das Dilemma: Wir verwechseln sie mit dem, was wir für die Realität halten – während nach tantrischer Sicht die Essenz das einzig Echte und „Verwobene" ist. Statt von „Essenz" könnte hier – im alchimistischen Sprachgebrauch – genauso von *Quintessenz*, ja von „Elixier", die Rede sein. Die tantrische Glückseligkeit bedeutet alle diese Dinge. Lama Yeshe ergänzt:

> *Wir erkennen also, daß die gewöhnlichen und die erleuchteten Funktionen der Leidenschaft sich exakt konträr verhalten. Im Tantra bedingt die Erfahrung der aus der Leidenschaft kommenden Glückseligkeit eine* expandierte *Wahrnehmung, während gewöhn-*

> *lich das aus dem Kontakt mit Objekten der Leidenschaft kommende Vergnügen unsere Wahrnehmung* verengt *und zu einem restriktiven Zwang nach mehr oder besserem Vergnügen führt.*[3]

Wie in der Alchimie wird auch im Tantra unser königliches Wesen in alledem bestätigt; ja sogar ermuntert und unterstützt. Wenn wir schon die Realität nicht erkennen, erkennen wir unseren Selbstwert um so weniger, verstricken uns in verzerrte Visionen von Minderwertigkeit, was letztlich genauso schadet. Dieser Text Lama Yeshes zeigt die Parallelen zu *revificatio* (in der *coagulatio*) und *projectio* (in der *rubedo*):

> *Eine der fundamentalsten Praktiken auf allen Tantra-Ebenen besteht in einer Auflösung unserer gewöhnlichen Vorstellungen von uns selbst, so daß aus dem leeren Raum, in den sich diese Konzepte verflüchtigt haben, der glorreiche, leuchtende Körper einer Gottheit aufsteigen kann: eine Manifestation der essentiellen Klarheit unseres tiefsten Selbst. Je mehr wir üben, uns als meditationale Gottheit zu sehen, um so weniger lassen wir uns durch die üblichen Enttäuschungen und Frustrationen des Lebens beschränken.*[4]

Interessanterweise ist der hier angesprochene Archetypus weniger eine Göttin als ein Archetypus *von uns selbst* als Königin bzw. König. Nach tantrischer Sicht „sind wir, was wir denken“: Der tatsächliche Effekt auf den physikalischen Körper wird ausdrücklich unterstrichen. Das bringt die Heilkraft der Imagination selbst ins Spiel und ist insofern das Gegenteil von Selbstmitleid. Uns im tantrischen Sinne als königlich zu sehen, dient dazu, mehr Raum in uns zu schaffen, damit unsere Essenz ungehindert fließen kann. Eine nützliche Interpretation dessen, was es heißt, in der

Realität, in der wir leben, unsere Königlichkeit zu bewahren. Hier können wir viel vom Tantra lernen.

Die drei wichtigsten Tantra-Stadien weisen allesamt Parallelen zum alchimistischen Prozeß auf. Das erste Stadium der Entsagung meint die Aufgabe unrealistischer Erwartungen, eine Erweiterung des Geistes, ein Loslösen wie in der *rubedo* und ein Begreifen des Unterschieds zwischen Befriedigung und Erfüllung. „I can't get no satisfaction" – nein, das können weder Sie noch ich, weil es reine Befriedigung nicht gibt.

Das zweite Stadium der *bodhicitta* („Herzöffnung") meint nicht nur die Öffnung sich selbst, sondern vor allem anderen gegenüber. Sie bringt Seelenwärme ins Spiel und korrespondiert mit Aspekten der *solutio* und der *rubedo*, speziell der *multiplicatio*. Die *bodhicitta* öffnet uns – durch das Dienen – für die globalen Belange der Menschheit und der Welt an sich. Wir entwickeln eine Gelassenheit, die uns alle Menschen als gleich wichtig akzeptieren läßt und die Unterscheidung zwischen Freund und Fremdem, ja sogar Feind, komplett aufhebt.

Im dritten Stadium nähern wir uns dem, was im Tantra „die richtige Sicht der Realität" genannt wird – eine Leere, die sich vom Nichts der westlichen Auffassung unterscheidet. Es handelt sich um eine Phase der Auflösung (wieder die *solutio*), in der wir erkennen: Was permanent und fest erscheint, ähnelt eher einem Traumbild. Diese Auffassung bezieht auch unsere Identität mit ein. Das Ich ist nach tantrischer Überzeugung lange nicht so fest und stark, wie es erscheinen mag – eine Einsicht, die frei macht:

> *Statt uns von unserer Umwelt unterdrückt und erstickt zu fühlen – ich gegen den Rest –, realisieren wir, daß es in der Welt Raum für alles gibt. Und* es gibt *Raum für alles. In dem klaren Raum der Nicht-Dualität kann alles in einem kontinuierlichen Prozeß des*

> *Kommens und Gehens, Gedeihens und Sterbens, Auftauchens und Verschwindens frei und ungehindert fließen.*[5]

Hier werden wir Zeuge der Zusammenkunft von Geist und Materie *durch eine Freigabe der Materie* (ihre Lockerung, Transparenz), die auch uns freigibt in eine gesteigerte Natürlichkeit, die Sie beispielsweise spüren, wenn das pulsierende Naß eines Whirlpools Ihren Körper umspült. Interessanterweise ist die Farbe hier nicht Rot, sondern Blau.[6]

Der tantrische Guru ist sowohl äußerer als auch innerer Meister (Meisterin). Er entspricht dem Meister der Alchimie, der das Werk weitergibt und dabei die Wichtigkeit unserer inneren Führung in neuem Licht erstrahlen läßt. Gleichzeitig wird der *vajra* (tibetanisch: „Penis"), die Entsprechung des subtilen oder ätherischen Körpers in der Alchimie, als „Körper des Lichts" gezeigt, der das Herz, den subtilen Geist beherbergt, oder wie Lama Yeshe sagt: „den sehr subtilen Geist des klaren Lichts".

In der höchsten tantrischen Praxis wird in der Verschmelzung von Glückseligkeit und Leere die Vermählung, die *mahamudra* („großes Siegel"), realisiert. Wie die *rubedo* flackert auch diese nur sporadisch auf, immer wieder. Laut tantrischer Lehre ist sie jedoch ständig da, denn sie *ist* die Realität hinter den vielen Schleiern des Scheins.

Der Körper gilt im Tantra als kostbar, denn er enthält alles, was wir benötigen, um zur Erleuchtung zu gelangen – die tantrischen Autoren sprechen vom „Kundalini-Gold" oder „Kundalini-Öl". Darüber hinaus erschließt Tantra – und der Tibetanische Buddhismus – eine im *Tibetan Book of the Dead* dargelegte Technologie des „*Todesprozesses*" und des bewußten Sterbens. Tantra ist wie Alchimie eine Vorbereitung sowohl auf das Leben als auch auf den Tod, die die Kluft zwischen beiden durch eine begreifende Essenz transzendiert. Das ist das EINS-Sein im tantrischen Sinne:

Im klaren, hellen Raum der Leere gibt es weder Farben noch Gerüche, Wahrnehmungen, ... nichts in der Art. Alle begrenzten, dualistischen Puzzleteile lösen sich auf, damit der natürliche Zustand des Geistes strahlen, die ganze Welt der Realität umarmen kann.[7]

Der Geist infiltriert die Materie und enthüllt sie als das, was sie ist. Wie in der alchimistischen *rubedo* ist auch hier von verschiedenen *Siddhis* oder übernatürlichen Fähigkeiten des Tantra-Adepten die Rede, zu denen die Astralprojektion gehört.

Bisher habe ich nicht über die Sexualität gesprochen. Im Buddhistischen Tantra (Hindu-Tantra ist da nachgiebiger) müssen die drei Phasen der „Generation" durchlaufen werden, bevor wir reif sind für die sexuelle Umarmung. Die als Feuer in der Nabelregion beschriebene Generation entspricht exakt dem Geheimen Feuer der Alchimie, ist Energie, Läuterung und Beherrschung. Hat der Westen die Sexualität in der Alchimie unterbewertet, so konfrontiert Tantra uns mit dem anderen Extrem. Hier ist die Rolle der Sexualität höchst dominant, so daß oft der Anschein erweckt wird, als ginge es im Tantra um nichts anderes. Gleichzeitig ist ihre Position eine wesentliche, einzigartige und schöne, die wir aber nur verstehen, wenn wir begreifen, wie sehr sich der Sex hier vom gewöhnlichen Sex unterscheidet.

In den Generationsphasen vollzieht sich ein Teil der Transmutation, der wir im Geringeren Werk und in der *coagulatio* – speziell in der Trennung von Sol und Luna – begegnen. Die Folge:

Alle alten Probleme im Zusammenhang mit der Leidenschaft werden gelöst sein; statt die Ursache fehlender Befriedigung zu sein, ist die Leidenschaft nun der Brennstoff für eine Erfahrung von Ganzheit.[8]

Dann sind wir fähig, Liebe zu praktizieren – und zwar auf neue Weise. Und worin liegt der Unterschied? Mit einem Wort: in der Meditation. Wie Bhagwan Rajneesh (der jetzt Osho heißt) korrekt bemerkt: „Tantra bedeutet: die Transformation von Liebe in Meditation."[9]

Hier tritt die *soror mystica* als *tantrika* in Aktion. Es heißt, daß nicht der Mann den Körper der Frau, sondern die Energie der Frau die des Mannes durchdringt. Dies bietet einen weiteren Schlüssel zum Verständnis der Androgynie in der *rubedo* als eine androgyne Sexualität, in der die tantrischen Geschlechterrollen komplementär, aber umgekehrt sind. Die Frau liegt wieder auf dem Mann, der Mann „unterpfählt" die Frau und findet hierin eine andere Form der Männlichkeit, die ihn als Individuum in seinem Geschlecht verankert.

Die tantrische Sexualität ist auf Kontinuität statt auf Konklusion, auf Verzögerung und Dauer statt auf einen Abschluß ausgerichtet. Energie und Glückseligkeit sind wichtiger als der schnelle Orgasmus. Unter Glückseligkeit versteht man die Energie und Ekstase des Liebesspiels und zugleich seine Essenz. Die für jedes Paar erlebbare Verschmelzung erzeugt einen Zustand der Energie, des Wohlbefindens und der Heilung, der mehrere Tage nachhallen kann.

Alchimistisch gesehen, ist die tantrische Sexualität von Anfang an ein *opus contra naturam*, eine Reversion des normalen Stroms der Sexualität. Wie in der Alchimie muß die Hitze behutsam dosiert werden, weil der Kolben sonst platzt (der Mann ejakuliert). Das Zauberwort heißt Entspannung. Rajneesh sagt:

> *Wenn du kämpfst, bist du immer außen. Wenn du im Sex kämpfst, bist du immer außen. Wenn du dich aber dem Sex ergibst, gelangst du an seinen innersten Kern. Und indem du dich ergibst, erkennst du viele Dinge.*[10]

Ein Anfang, der Anfang bleibt, wo die Berührungen langsam sind, sich der Geschwindigkeit von Gefühl und Kontakt anpassen, und die gemeinsame Bewegung der Körper kein anderes Ziel kennt als das *Hier*, die Gegenwart und die *Präsenz*, die Zeit in Ewigkeit verwandelt. Tantra spricht vom „Tal", einem Platz tief unten im Körper, im Gegensatz zum „Gipfel" mentaler, sexueller Erregung oben im Kopf. Im Tantra *gehen wir nach unten*, bevor wir aufsteigen ..., und dieses Aufsteigen mündet in eine Regungslosigkeit im Liebesakt, die uns dem anderen öffnet – wie eine Tür. Hinter dieser Tür ist leerer Raum, ein sich permanent ausdehnender Raum, der auch in unseren Zellen ist. Glückseligkeit trifft auf Leere, durch die gemeinsame Atmung entsteht ein Rhythmus, in dem das „Liebe-machen" wie von selbst, eigendynamisch geschieht. Und dann wendet sich das Blatt: *Die Liebe macht uns*, nicht wir versuchen, Liebe zu machen. Diese Liebe öffnet sich nach allen Seiten, strahlt Frieden, Wärme und Klarheit aus. Und sie ist nicht mehr auf unsere direkte Umgebung begrenzt: Sie wird unser Kontakt, unsere Verbindung zum Leben selbst. Zuverlässiger als jede äußere Chemikalie, wirkt sie in der Stille – wuchtig und voll Kraft.

Außerdem können wir in ihr erreichen, was Tantra-Praktizierer als den „unendlichen Kreis" bezeichnen, der die Idee der Vermählung mit uns selbst wieder aufnimmt und den die *ouroboros* perfekt veranschaulicht. Die tantrische Liebe ist eine Liebe ohne Bindungen. Sie befreit uns und entläßt uns in den Kreis, den wir mit uns selbst und mit allen Dingen bilden können: mit einem See, einer Landschaft, dem Mond. In diesem Sinne haben wir es wieder mit Expansion zu tun: Die tantrische Liebe läßt uns über unsere vermeintlichen Grenzen und jenen Punkt hinausgehen, von dem aus wir Sex bisher gesehen haben – vom falschen Ende des Teleskops aus.

Tantras Geschenk an die Alchimie ist eine Konkretisierung der höheren Sphären ihrer Sexualität. Die *projectio* als *paravritti* zu sehen gibt ihr Gestalt und holt sie in unsere direkt erfahrbare Reichweite. Umgekehrt verdankt Tantra der Alchimie die Erinnerung an ihre Leidenschaftlichkeit, ihre menschliche Komponente und Präsenz. Schließlich sind wir nicht nur Türen, sondern Menschen und Seelen-Wesen, die miteinander kommunizieren und lieben.

Natürlich gibt es auch Unterschiede. Keine zwei „Systeme“ sind jemals absolut identisch. Tantra wird als schneller, Alchimie als langsamer beschrieben, obwohl die tantrische Sexualität dem widerspricht. Tantra ist eher transzendent, distanziert, während Alchimie immanenter ist, ein Bestandteil unserer Psyche und Imagination. In diesem Sinne ist die Alchimie reicher. Und Tantra tendiert dazu, unsere Identität genau an dem Punkt aufzulösen, wo die Alchimie sie koaguliert (im Stein).

Unsere Stärke im Westen besteht im Herausstreichen unserer Individualität, doch die kann auch unsere Schwäche, unser Stolz und unsere Isolation sein, und je mehr man Alchimie und Tantra gemeinsam betrachtet, um so komplementärer und androgyner werden sie. Speziell in ihrer Betonung von Versuch und Bemühen ist Alchimie wie Yoga[11] eher maskulin, Tantra hingegen femininer in seiner exaltierten Rezeptivität, seinem Yin-Charakter des Zulassens und Öffnens. Eben wegen dieser Unterschiede können beide viel voneinander lernen, vereinte statt getrennte Kontinente sein – wie ein altes Liebespaar, das man wieder zu Bett bringt, damit etwas Neues, das wir empfangen müssen und das uns empfangen muß, entstehen kann. Diese neue Welt ist die Vermählung nicht nur von Ost und West, sondern aller Nationen und Kontinente über alle Grenzen und Gräben hinweg.

ANMERKUNGEN

DER ANFANG (EINFÜHRUNG)

1. Duff, Kat – *The Alchemy of Illness*, Virago, 1993, S. 78.
2. Harpur, Patrick – *Mercurius: The Marriage of Heaven & Earth*, Macmillan, 1990, S. 108.
3. In *Alchemy: The secret art*, Thames & Hudson, 1973, illustriert.
4. Jarman, Derek – *Chroma*, Vintage, 1995, S. 76.
5. *Tabula Smaragdina*, Heidelberg, 1926, zitiert in Burckhardts *Alchemy*, Stuart & Watkins, 1967; Element Books, 1986, S. 196–197. Burckhardt fügt seinen eigenen Kommentar voller Einsicht hinzu.

DIE GESCHICHTE DER ALCHIMIE

1. Siehe Eliade, Mircea – *The Forge and the Crucible*, S. 142. Zitiert in Mark Haeffners *Dictionary of Alchemy*, Aquarian, 1991, S. 14.
2. Zitiert in Thompson, C.J.S. – *The Lure and Romance of Alchemy*, Harrap, 1932; Outlet/Random House, 1990, S. 17.
3. Thompson, zitiertes Werk, S. 78.
4. Siehe Sherwood-Taylor, F. – *The Alchemists*, Heinemann, 1962; Paladin, 1976, S. 95.
5. Chaucer bezeichnete die Alchimie als „verschlagene Wissenschaft".
6. Zitiert in Thomson, zitiertes Werk, S. 165–166.
7. Ibid., S. 114.
8. Zitiert in Sherwood-Taylor, zitiertes Werk, S. 103.
9. Einige sind Teil der Beschreibung des Prozesses in diesem Buch.
10. Siehe weißer Stein unter *„solutio"*, S. 89–90.
11. Zitiert in Sherwood-Taylor, zitiertes Werk, S. 111–112.
12. Ibid., S. 114.
13. Die Gemälde in *splendor solis* stammen von dem frühen niederländischen Meister Lucas van Leiden.
14. Siehe zum Beispiel *Songs of Innocence & Experience*, 1793.
15. Zitiert in Haeffner, zitiertes Werk, S. 24.
16. Siehe Descartes' *Principles of Natural Philosophy*, 1644.

17. Wie Lindsay Clarke anmerkt, wurde *A Suggestive Enquiry* in Großbritannien von The Yogi Society und in USA von The Julien Press neu herausgegeben.
18. Siehe Thompson, zitiertes Werk, S. 228.
19. Siehe „Weitere Informationen" (S. 227).
20. Zitiert in Gilchrist, Cherry – *The Elements of Alchemy*, Element, 1991, S. 119–120.
21. Ibid., S. 121.
22. *Psychology and Alchemy*, Routledge, 1953; 1993, S. 242.
23. Ibid., S. 245.
24. Ibid., S. 270.
25. Zum Beispiel in Spagyrics: siehe *Caduceus*, Ausgabe 19, „Alchemy and Transformation", Dezember 1992.
26. Zum Beispiel mit Liz Greene, Astrologin und Analytikern der Schule C.G. Jungs. Und siehe „Weitere Informationen" (S. 227).
27. Siehe Johnson, Kenneth Raynor – *The Fulcanelli Phenomenon* (Jersey, 1980), zitiert von Patrick Harpur in *Mercurius*, Macmillan, 1990, S. 316. Fulcanelli, dessen wahre Identität immer verborgen blieb, veröffentlichte zwei Texte in den zwanziger Jahren dieses Jahrhunderts und lebte in den Fünfzigern in einem Schloß in Spanien. Er war offenbar ein echter Alchimist.
28. Zitiert in Gilchrist, zitiertes Werk, S. 124.

DIE PRÄPARATION

1. Siehe Burckhardt, Titus – *Alchemy*, Stuart & Watkins, 1967; Element Books, 1986, S. 103.
2. Zitiert in Jung, C.G. – *Psychology and Alchemy*, Routledge, 1953; 1993, S. 320.
3. Siehe Klossowski de Rola, Stanislaus, *Alchemy: The secret art*, Thames & Hudson, 1973. Ebenso die beiden anderen Sätze.
4. Zitiert in Thompson, C.J.S. - *The Lure and Romance of Alchemy*, Harrap, 1932; Outlet/Random House, 1990, S. 109.
5. Jung, zitiertes Werk, S. 270.

DAS GERINGERE WERK: NIGREDO

1. *Caput mortuum* bezieht sich auch wörtlich auf im Kolben zurückbleibendes Residuum – zum Beispiel das schwarze Residuum kalzinierten Bleis. Daher das Bild.
2. Zitiert in Fabricius, Johannes – *Alchemy: the mediaeval alchemists and their royal art*, Rosenkilde und Bagger, Kopenhagen, 1976; The Aquarian Press, Wellingborough, GB, 1989.

3. *Musaeum hermeticum reformatum et amplificatum*, Frankfurt 1678.
4. Zitiert in Burckhardt, Titus – *Alchemy*, Stuart & Watkins, 1967; Element Books, 1986, S. 133–134 (einschließlich Burckhardts Kommentare).
5. C.G. Jung, *Psychology and Alchemy*, Routledge, 1953; 1993, S. 336–337.
6. Die „Saturn-Wiederkehr" findet alle 28 Jahre statt – das nächste Mal also mit 56.
7. Fabricius, zitiertes Werk.
8. von Franz, Marie Louise – *Alchemy: An introduction to the symbolism and the psychology*, Inner City Books, Toronto, 1980, S. 147.
9. Siehe auch seine „*nigredo*" in *Earth Ascending: An anthology of new and living poetry*, Hrsg. Jay Ramsay, Stride Publications, GB, 1996.

DAS GERINGERE WERK: SOLUTIO

1. Zitiert in Klossowski de Rola, Stanislaus – *Alchemy: The Secret Art*, Thames & Hudson, 1973.
2. Ibid.
3. Siehe „The Lapis-Christ Parallel" in Jung, C.G. – *Psychology and Alchemy*, Routledge, 1953; 1993, S. 345 ff.
4. Klossowski de Rola, zitiertes Werk, S. 12.
5. Zitiert in Fabricius, Johannes – *Alchemy: The mediaeval alchemists and their royal art*, The Aquarian Press, 1989, S. 127.
6. Ibid., S. 130.
7. Aus *A Blue Fire*, Hrsg. Thomas Moore, Routledge, 1990, S. 125.
8. Auch hier bin ich Barbara Somers für ihre Einsicht zu Dank verpflichtet.
9. von Franz, Marie-Louise – *Alchemy*, Inner City Books, 1980, S. 260.
10. Siehe „Weitere Informationen", S. 225.
11. Siehe auch Hillman, „On Soul and Spirit", *A Blue Fire*, zitiertes Werk, S. 124.
12. Siehe Bly, Robert – *Iron John*, Element Books, 1991.

DAS GERINGERE WERK: COAGULATIO

1. Von Barbara Somers.
2. Aus Sendivogius, Michael – *Concerning Sulphur*, The Alchemical Press, 1991, S. 11. Sendivogius erklärte um 1605 das Werk des schottischen Alchimisten Alexander Sethon zu seinem eigenen, als er sich mit Resten von Sethons roter Tinktur einen Namen in Europa verschaffte. Die komplette Geschichte ist nachzulesen in Thompson,

C.J.S. – *The Lure and Romance of Alchemy*, Harrap, 1932; Outlet/Random House, 1990, S. 188–192.

3. Zitiert in Burckhardt, Titus – *Alchemy*, Stuart & Watkins, 1967; Element Books, 1986, S. 189.
4. Zitiert in Fabricius, Johannes – *Alchemy: The mediaeval alchemists and their royal art*, The Aquarian Press, 1989, S. 141.
5. Zitiert ibid., S. 143.
6. Ibid., S. 144.
7. Ibid., S. 146.
8. Ibid.
9. Burckhardt, zitiertes Werk, S. 190.
10. Siehe Vermeers Gemälde *Frau wiegt Gold* (1660–65).
11. Zitiert in Fabricius, zitiertes Werk, S. 152.
12. Burckhardt, zitiertes Werk, S. 190.
13. Zitiert in Fabricius, zitiertes Werk, S. 156.
14. Zitiert ibid., S. 169.
15. Darunter Ruth White und ihr Führer Gildas.
16. von Franz, Marie Louise – *Alchemy*, Inner City Books, 1980, S. 258–259.
17. Heaney, Seamus, „The Earth House“ in *Seeing Things*, Faber and Faber Ltd.
18. Siehe *With my Heart in my Mouth*, Hrsg. Paul Matthews, Rudolf Steiner Press, 1994, und auch sein *Sing Me the Creation*, Hawthorn Press, Stroud, 1995.
19. In Moore, Thomas – *Care of the Soul*, Piatkus, 1992, S. 262.
20. Ibid., S. 263.
21. In Caduceus, Ausgabe 19, „Alchemy and Transformation“, Dezember 1992, S. 12.
22. Im siebzehnten Jahrhundert.
23. Duff, Kat – *The Alchemy of Illness*, Virago, 1993, S. 90.
24. Fox, Matthew – *The Coming of the Cosmic Christ*, Harper & Row, 1988.
25. Jung sprach vom „kollektiven Unterbewußtsein“. Ich denke, es ist Zeit, vom „kollektiven Selbst“ im Sinne dessen, was *überbewußt* ist, zu sprechen.

DAS GRÖSSERE WERK: RUBEDO

1. Aus *The Collected Poems of W.B. Yeats*, Macmillan, Papermac reprint, 1985.
2. Aus „Into the heart – a matrix poem“ by Jay Ramsay, enthalten in *Heart of Earth*, Band 6, aus *The Great Return*, Bände 1–5, The Diamond Press, 1988.

3. John Pordage, zitiert in Fabricius, Johannes – *Alchemy: The mediaeval alchemists and their royal art*, The Aquarian Press, 1989, S. 173.
4. Ibid.
5. Zitiert ibid., S. 174.
6. Gerard Dorn, zitiert ibid., S. 177.
7. Zitiert ibid., S. 178.
8. Zitiert ibid., S. 175 und S. 179.
9. Ibid., S. 182.
10. Zitiert aus Jungs *Mysterium Coniunctionis*, ibid., S. 182–183.
11. Zitiert ibid., S. 186.
12. Siehe Burckhardt, Titus – *Alchemy*, Stuart & Watkins, 1967; Element Books, 1986, S. 156.
13. John Pordage, zitiert in Fabricius, zitiertes Werk, S. 191.
14. In Daskalos – *The Esoteric Teachings* (siehe „Ausgewählte Literatur", S. 221).
15. Siehe Clow, Barbara Hand – *The Liquid Light of Sex*, Bear & Co., 1991, S. 103.
16. Siehe Fabricius, zitiertes Werk, S. 198.
17. Filmmusik erhältlich auf der CD *Orlando*.
18. Jung, C.G. – *Memories, Dreams, Reflections*, Hrsg. Anelia Jaffe, Flamingo, 1983, S. 296–297.
19. Siehe letzte Seite Lindsay Clarke – *The Chymical Weddin*, Picador, 1991.
20. *Aurora consurgens*, vermutlich von Thomas Aquinas als letztes Werk nach Aufgabe der *Summa theologica* geschrieben. Siehe von Franz, Marie-Louise – *Alchemy*, Inner City Books, 1980, S. 177 ff.
21. *Liber platonis quartorum*, in Fabricius, zitiertes Werk, S. 208.
22. Eliot, T.S. – *Four Quarters*, Faber, 1944; häufig nachgedruckt.
23. Die Essenz der *rubedo* ist, wo Herz und Geist sich treffen.
24. Siehe The Sharpham Papers, Nr. 3, 1993.
25. C.G. Jung – *Psychology and Alchemy*, Routledge, 1953; 1993, S. 293.
26. *A Matter of Heart*, 1987. Siehe auch die beiden Dokumentarwerke von Jonathan Stedall.
27. Harpur, Patrick – „Sublimation", *Mercurius*, Macmillan, 1990, S. 360.
28. Mutter Meera – *Answers*, Meeramma Publications, 1991; neu publiziert von Rider, 1991, S. 74 in der Edition Meeramma.
29. In einem privaten Brief an den Autor.
30. Singer, June – *Androgyny*, Anchor Press/Doubleday, 1976, S. 277.
31. Ich danke Nancy Lidell für dieses Zitat; Quelle unbekannt.

ROSA MUNDI

Der dritte Absatz („Erinnerst du dich, als du uns im Himmel ...“) ist eine Referenz an Dantes Vision in *Paradiso*, worauf mich Piero Ferrucci in einem Dia-Vortrag am Psychosynthesis Education and Trust 1986 in London erstmals aufmerksam machte.

Die Anspielung „weder Heirat noch Geben in der Heirat“ taucht bei Markus 11:25 und Lukas 20:34–35 auf. Mein Dank an Madeleine O‘Callaghan SSL, die mich darauf hinwies.

Joan Coopers *Illustrated Encyclopaedia of Traditional Symbols* (Thames & Hudson, 1973) erhellte für mich die Symbolik der Rose. Wie es auf S. 141 heißt, symbolisiert die blaue Rose „das Unerreichbare, Unmögliche“, die Windrose „wird als Kreis dargestellt, der ein doppeltes Kreuz als Symbol für die vier Kardinal- und vier Zwischenrichtungen einschließt“; und das *Rosarium* ist die Philosophie und innere Disziplin des Werks. Diese Inwärtswendung ist der Schlüssel zu größerer Wahrnehmung und größerem Bewußtsein.

DAS ENDE

1. Greene, Liz, mit Sasportas, Howard – *Dynamics of the Unconscious*, Arkana, 1988, S. 283.
2. In einer Unterhaltung in ihrem Zuhause in Stroud, Gloucestershire.
3. In The English Group am Psykisk Center, August 1995.
4. Ziemlich sicher von Wilde während seiner Gefängniszeit geschrieben (Gaol lesend).
5. Fabricius setzt jede *coniunctio* mit einem Stadium der *anima* in Bezug (siehe Fabricius, S. 206). *Nigredo* verbindet er mit Eva oder der sexuellen Frau; *solutio* mit Luna, der romantischen Frau; *coagulatio* mit der spiritualisierten Frau; und *rubedo* mit der mystischen/archetypischen Frau auf höchster Ebene (Dantes Beatrice, Maria, Kuan Yin), wo er von einem hinzukommenden androgynen Element spricht. Ich glaube, wir sollten die entsprechenden vier Stadien auch beim Maskulinen oder *animus* unterscheiden: In diesem Sinne wäre *nigredo* der „Alte Adam“; *solutio* der Prinz oder romantische Mann; *coagulatio* der reife, geerdete Mann; und *rubedo* der König (der aber auch in der *coagulatio* in Erscheinung tritt). Das würde mit dem übereinstimmen, was eine Frau sieht oder projiziert, und bei beiden, Christus und Yoganada (als Beispiele), ist das androgyne Element vorhanden – bei Yogananda kann man es in Fotos sogar deutlich erkennen.

Zu realisieren, von welchem Typ Mann oder Frau wir uns in welchem Stadium angezogen fühlen, läßt Rückschlüsse zu, wo wir uns im Prozeß befinden und welche *coniunctio* für uns lebendig ist. Sie können hier eine Tabelle mit Parallelbezügen anlegen.

ANHANG: ALCHIMIE & TANTRA – DIE VERSCHMELZUNG VON OST UND WEST

1. Rawson, Philipp – *Tantra: The Indian cult of ecstasy*, Thames & Hudson, 1973. Siehe auch sein *The Art of Tantra*, Thames & Hudson, 1978, das einen Text in voller Länge enthält.
2. Hier ist ein Vergleich von Tantra und Taoismus interessant. Siehe mein *Tao Te Ching*, die neue Übersetzung, mit Kwok Man-Ho und Martin Palmer, Element Books, 1994.
3. Landaw, Jonathan, Hrsg. – *Introduction to Tantra: A vision of totality*, Wisdom Books, Boston, 1987, S. 37.
4. Ibid., S. 42.
5. Ibid., S. 89.
6. Als Symbol für Nicht-Dualität.
7. Ibid., S. 133.
8. Ibid., S. 146.
9. Bhagwan, Rajneesh – *Tantra, Spirituality & Sex*, Rajneesh Foundation International, 1983.
10. Ibid., S. 120.
11. Wie Rajneesh als Teil seiner Argumentation für Tantra herausstreicht, ist Sexualität etwas, das wir *fühlen*, statt es zu erzwingen. Das ist der Unterschied.

AUSGEWÄHLTE LITERATUR

WICHTIGE WERKE

Burckhardt, Titus, *Alchemy*, Stuart & Watkins, 1967; Element Books, 1986

Fabricius, Johannes, *Alchemy: the mediaeval alchemists and their royal art*, Rosenkilde and Bagger, Copenhagen, 1976; The Aquarian Press, 1989

Franz, Marie-Louise von, *Alchemy*, Inner City Books, Toronto, 1980

Haeffner, Mark, *Dictionary of Alchemy*, Aquarian, 1991

Jung, C.G., *Psychology and Alchemy*, Routledge, 1953; 1993

Klossowski, de Rola, Stanislaus, *Alchemy: The secret art*, Thames & Hudson, 1973

GESCHICHTLICHE WERKE

Gilchrist, Cherry, *The Elements of Alchemy*, Element Books, 1991

Sherwood-Taylor, F., *The Alchemists*, Paladin, 1976

Thompson, C.J.S., *The Lure and Romance of Alchemy*, Random House reprint, 1990

SEKUNDÄRLITERATUR

Anderton, William, *Inner Alchemy*, Soluna Publications, 1981

Caron, M. and Hutin, S., *The Alchemists*, Evergreen, 1961

Courdet, A., *Alchemy: The Philosopher's Stone*, Wildwood House, 1980

Greene, Liz and Sasportas, Howard, *Dynamics of the Unconscious*, Arkana, 1989

Holmyard, E.J., *Alchemy*, Penguin, 1957

Matthews, Caitlín and John, *The Western Way*, vol. 2, The Hermetic Tradition, Arkana, 1986

Pritchard, Alan, *Alchemy*, Routledge & Kegan Paul, 1980

Raphael, A., *The Philosopher's Stone*, Routledge, 1965

Read, John, *Through Alchemy to Chemistry*, G. Bell, 1957

Reyner, J.H., *The Diary of a Modern Alchemist*, Neville Spearman, 1974
Sadoul, Jacques, *Alchemists and Gold*, Neville Spearman, 1972
Sapere, Aude, *The Science of Alchemy*, Neptune Press, 1979
Silberer, Herbert, *Hidden Symbolism of Alchemy and the Occult Arts*, Dover, 1971
Wilson, Frank Avray, *Alchemy as a Way of Life*, C.W. Daniel, 1976

LITERATUR IM ENGEREN UMKREIS

Barbault, Armand, *Gold of a Thousand Mornings*, Neville Spearman, 1975
Bennell, M. and Wyatt, I., *The Chymical Wedding of Christian Rosencreutz*, Temple Lodge Press, 1989
Cockren, Archibald, *Alchemy Discovered and Restored*, Health Research, California, 1963
Cooper, Joan, *Chinese Alchemy*, Aquarian, 1984
Daskalos, *The Esoteric Teachings*, 1990, available from PO Box 8347, Nicosia, Cyprus
Gilbert, R.A., *The Golden Dawn: Twilight of the magicians*, Aquarian, 1983
Read, John, *The Alchemist in Life, Literature and Art*, T. Nelson, 1947
Sendivogius, Michael, *Concerning Sulphur*, The Alchemical Press, 1991
Sutherland, C.H.V., *Gold*, Thames & Hudson, 1959
Waite, A.E., *The Hermetic Museum, restored and enlarged*, Watkins, 1953

LITERATUR IM WEITEREN UMKREIS

Bly, Robert, *A Little Book on the Human Shadow*, Harper Collins, 1988
Clarke, Lindsay, *The Chymical Wedding: A romance*, Cape/Picador, 1989
–, *Alice's Masque*, Jonathan Cape, 1994
Coelho, Paulo, *The Alchemist: A fable about following your dreams*, Harper, San Francisco, 1993
Duff, Kat, *The Alchemy of Illness*, Virago, 1993
Ferrucci, Piero, *What We May Be: The visions and techniques of Psychosynthesis*, Turnstone Press, 1982
Harpur, Patrick, *Mercurius, or the Marriage of Heaven and Earth*, Macmillan, 1990
Jarman, Derek, *Chroma: A Book of colour*, Vintage, 1995
Miller, Richard and Iona, *The Modern Alchemist*, Phanes Press, USA, 1994
Moore, Thomas, ed., *A Blue Fire: The essential James Hillman*, Routledge, 1990

Moore, Thomas, *Care of the Soul,* Piatkus, 1992
–, *Soul Mates*, Element, 1994
Redgrove, Peter, *The Black Goddess and the Sixth Sense,* Bloomsbury, 1989
Redgrove, Peter and Shuttle, Penelope, *Alchemy for Women*, Rider, 1995
Singer, June, *Androgyny*, Anchor/Doubleday, 1976
Whitmore, Diana, *Psychosynthesis in Education*, Turnstone Press, 1986

LITERATUR IN DER DICHTKUNST

Bletsoe, Elisabeth, *The Regardians: A book of angels,* Odyssey, 1993
Cluysenaar, Anne, *New & Selected Poems*, Carcanet, 1996
Jope, Norman, *The Wedding Guest,* Strike Publications, 1996
Moat, John, *Skeleton Key*, Phoenix Press, 1981. See *Transformation*, below.
–, *Firewater & The Miraculous Mandarin*, Enitharmon, 1990
Ramsay, Jay, ed., *Transformation: The poetry of spiritual consciousness*, Rivelin Grapheme, 1988
–, *Earth Ascending: An anthology of new & living poetry*, Stride Publications, 1996
Redgrove, Peter, *The Moon Disposes: Selected poems,* Secker & Warburg, 1988

LITERATUR ÜBER LIEBE UND SEXUALITÄT

Evola, Julius, *The Metaphysics of Sex*, Inner Traditions, 1983
Feuerstein, George, ed., *Enlightened Sexuality*, The Crossing Press, 1989
Keen, Sam, *The Passionate Life: Stage of loving*, Harper & Row, 1983
Lidell, Lucy, *The Sensual Body*, Unwin Hyman, 1987
Lilar, Suzanne, *Aspects of Love in Western Society,* Panther, 1967
Rajneesh, Bhagwan Shree, *Tantra, Spirituality & Sex,* Rajneesh Foundation, 1983
Rawson, Philip, *The Art of Tantra,* Thames & Hudson, 1978
Singer, June, *Androgyny*, Anchor/Doubleday, 1976
Stevens, J., *Lust for Enlightenment*, Shambhala, 1990
Yeshe, Lama, *Introduction to Tantra*, Wisdom Books, 1987

AUSGEWÄHLTE DEUTSCH-SPRACHIGE LITERATUR

WICHTIGE WERKE

Burckhardt, Titus, *Alchemie. Sinn und Weltbild*, Dingfelder, Andechs 1992

Jung, C.G., *Gesammelte Werke. Band 12: Psychologie und Alchemie*, Walter-Verlag, 7. Auflage, Düsseldorf 1994

GESCHICHTLICHE WERKE

Gilchrist, Cherry, *Alchimie*, Aurum, Braunschweig 1992

SEKUNDÄRLITERATUR

Greene, Liz und Sasportas, Howard, *Dimensionen des Unbewußten. Dimensionen des Unbewußten in der psychologischen Astrologie*, Heyne, München 1995

Silberer, Herbert, *Über die Symbolbildung und andere psychoanalytische Schriften*, Hora, Wien 1987

LITERATUR IM ENGEREN UMKREIS

Daskalos (d. i. Stylianos Atteshlis), *Esoterische Lehren. Die Botschaft des „Magus von Strovolos"*, Droemer Knaur, München 1991

LITERATUR IM WEITEREN UMKREIS

Bly, Robert, *Die dunklen Seiten des menschlichen Wesens*, Droemer Knaur, München 1993

Coelho, Paulo, *Der Alchimist*, Diogenes, Zürich 1996

Ferrucci, Piero, *Werde was du bist. Selbstverwirklichung durch Psychosynthese*, Rowohlt, Reinbek 1986
Jarman, Derek, *Chroma. Ein Buch der Farben*, Merve, Berlin
Moore, Thomas, *Die Seele lieben. Tiefe und Spiritualität im täglichen Leben*, Droemer Knaur, München 1995
Shuttle, Penelope und Redgrove Peter, *Die weise Wunde Menstruation*, Fischer, 11. Auflage, Frankfurt 1995
Whitmore, Diana, *Kreativitätsspiele mit Kindern. Transpersonale Psychologie in der Erziehung*, Kösel, München 1988

Literatur über Liebe und Sexualität

Feuerstein, George, *Gott und die Erotik. Spirituelle Dimensionen der Sexualität*, Droemer Knaur, München 1993
Keen, Sam, *Königreich der Liebe. Die sieben Stufen der Ekstase*, Ullstein, Berlin 1992
Osho (d. i. Bhagwan Shree Rajneesh), *Tantra, Spiritualität und Sex. Vorträge*, Osho, 6. Auflage, Köln 1997
Yeshe, Thubten (d. i. Lama Yeshe), *Wege zur Glückseligkeit. Einführung in Tantra*, Diamant, 2. Auflage, Pfaffenhofen 1993

WEITERE INFORMATIONEN

ORIGINALTEXTE

Zu den alchimistischen Originaltexten, die meines Wissens im Druck sind, gehören die folgenden:

Turba philosophorum, Hrsg. J.F. Ruska, Berlin, 1931
Theatrum Chemicum Britannicum, Hrsg. Elias Ashmole, 1652
Aurora Consurgens, Hrsg. Marie Louise von Franz, London, 1966
Hermetic Museum, Hrsg. A. E. White, 1893; 2 Bände
Bibliotheca chemica curiosa, Hrsg. James Young, London, 1954

Die Zitate aus dem *Rosarium philosophorum* verdanke ich Johannes Fabricius, der sich auf C.G. Jungs 1610 in Deutschland erschienene Arbeit über die *Artis aurifera quam chemiam vocant* aus den Jahren 1572 und 1593 bezog.

Die oben zitierten sind allesamt Hauptwerke, speziell die von E. Ashmole und A. E. White herausgegebenen klassischen Anthologien. Mehrere alchimistische Autoren, unter anderem Titus Burckhardt und F. Sherwood-Taylor, haben um Neudrucke dieser Werke gebeten; und sicherlich wäre die Zeit auch reif für eine neue Anthologie. Das beste zeitgenössische Beispiel ist *The Magnum Opus Hermetic Sourcework*, herausgegeben von Adam McLean und veröffentlicht von Dave Fidelier c/o Phanes Press, PO Box 6114,

Grand Rapids, Michigan 49516, USA. Die Reihe beinhaltet Maiers *Atalanta fugiens* sowie *Splendor Solis*, neben anderen Texten, die ähnlich aufschlußreich sind wie die heute berühmten Gnostischen Schriften.

Diese Texte können im Britischen Museum in London eingesehen werden. Eine weitere bedeutende Sammlung befindet sich laut Fabricius in der Universitätsbibliothek Kopenhagen.

FACHZEITSCHRIFTEN

Die aktuelle alchimistische Fachzeitschrift Großbritanniens ist *The Hermetic Journal*, von Adam MacLean in Edinburgh herausgegeben. F. Sherwood-Taylor gab zu Lebzeiten das Journal *Ambix* heraus. *Sphinx* von Noel Cobb, ein Magazin über archetypische Psychologie, behandelt häufig alchimistische Themen, ebenso wie James Hillmans Essays, die stets (wie Hillman selbst) eine frische, provokante Quelle der Inspiration darstellen.

SEMINARE UND THERAPIEN

Bei Bill van Doren, PO Box 11218, Boulder, Colorado 80301, können Sie einen Fernkursus über Alchimie bestellen.

Im Internet bieten die Alchemy Virtual Library und das Alchemy Forum eine Fülle an Informationen, darunter auch einige Originaltexte (wie das *Book of Lambspring*).

Unterlagen zu meinen Seminaren über Alchimie, Poesie, I Ching und Selbstentwicklung sowie zu meinen Einzelsitzungen in London und Gloucestershire erhalten Sie gegen einen frankierten Rückumschlag unter der Adresse: Chrysalis Office, 226 London Road, Cheltenham, Glos. GL52 6HW. (Tel. 01242-528363).

☿

Sollten im Rahmen des Buchstudiums spezifische Probleme bei Ihnen aufgetaucht sein, können Sie mich persönlich wegen einer Einzelsitzung kontaktieren (bitte „one-to-one-sessions“ auf den Umschlag schreiben). Vielleicht machen Sie bereits eine Therapie, oder aber Sie entscheiden sich jetzt, einen Therapeuten in Ihrer Nähe zu suchen, der für die Bereiche Imagination und Geist aufgeschlossen ist. Wir können uns nicht immer allein durch all diese Dinge kämpfen: Die Tatsache, daß wir einander brauchen, ist Teil unserer vernetzten Verbundenheit, von der die Alchimie Zeugnis ablegt. Und eine gute therapeutische Beziehung kann sowohl einen wertvollen Kolben als auch einen Spiegel abgeben, der uns unser Selbst und unsere eigene Wahrheit vor Augen hält, damit wir diese besser leben können.

Wenn Sie die Beziehung zu Ihrem physikalischen Körper vertiefen, lernen wollen, intensiver *in* Ihrem Körper zu leben, sind physikalische Therapien, zum Beispiel Massagen, sinnvoll, die dem Körper Zeit zum Fühlen und uns die Möglichkeit geben, *mit unserer Seele* zu sein. Es gibt eine Vielfalt verwandter Disziplinen (u.a. Reiki, Shiatsu und Rosen-Therapie); nicht zu vergessen Blüten-Therapien und Homöopathie, deren alchimistische Wirkung augenfälliger ist.

TANTRA

In Großbritannien finden Tantra-Seminare auf Grundlage der Arbeit von Margo Anand Naslednikov statt. Für nähere Informationen wenden Sie sich an SkyDancing UK (Monica Entmayr und John Hawken), 47 Maple Road, Horfield, Bristol BS7 8RE (Tel. 0117-9830958). Ferner gibt es ein Video mit dem Titel *Sacred Sex: A higher level of sexual fulfilment* (Regie: Cynthia Connop; VCI Distribution, 1992). Alan Lowens Arbeit verdient ebenfalls Erwähnung (Info: Art of Being, Tel. 01795-53472).

Das Wichtigste ist jedoch, daß Sie selbst Ihre Bedürfnisse herausfinden und die richtigen Maßnahmen ergreifen.

REGISTER

ILLUSTRATIONEN

Die Illustrationen von Helen Elwes wurden nach Originalen aus dem sechzehnten und siebzehnten Jahrhundert gezeichnet, deren Reproduktionen in folgenden Büchern enthalten sind:

Fabricius, Johannes: *Alchemy: the medieval alchemists and their royal art*, Aquarian, 1989.

Franz, Marie Louise von: *Alchemy: an introduction to the symbolism and psychology*, Inner City Books, 1982.

Jung, C.G.: *Psychology and Alchemy*, Routledge, 1990.

Klossowski de Rola, Stanislas: *Alchemy: the secret art*, Thames & Hudson, 1973.

Rawson, Philip: *Tantra, the Indian Cult of Ecstacy*, Thames & Hudson, 1973.

natürlich heilen

344 Seiten, Taschenbuch
ISBN 3-478-08562-4

246 Seiten, Taschenbuch
ISBN 3-478-08560-8

240 Seiten, Taschenbuch
ISBN 3-478-08554-3

160 Seiten, Taschenbuch
ISBN 3-478-08557-8

214 Seiten, Taschenbuch
ISBN 3-478-08547-0

175 Seiten, Taschenbuch
ISBN 3-478-08556-X

172 Seiten, Taschenbuch
ISBN 3-478-08553-5

mvg-verlag im verlag moderne industrie AG
86895 Landsberg am Lech